汉语言文学导论

主　编　田　喆　刘　珮　石　瑾

副主编　于凤颖　王一朱　刘春华

　　　　王　月　田莉莉　李美清

　　　　贺　坚　高　琳

吉林文史出版社

图书在版编目（CIP）数据

汉语言文学导论 / 田喆，刘珮，石瑾主编. -- 长春：吉林文史出版社，2019.6

ISBN 978-7-5472-6208-5

Ⅰ．①汉… Ⅱ．①田… ②刘… ③石… Ⅲ．①汉语－语言学－高等学校－教材 Ⅳ．①H1

中国版本图书馆CIP数据核字(2019)第102002号

书　　名	汉语言文学导论
作　　者	田喆　刘珮　石瑾
责任编辑	张雪霜
封面设计	徐芳芳
出版发行	吉林文史出版社有限责任公司
地　　址	长春市福祉大路5788号
网　　址	www.jlws.com.cn
印　　刷	定州启航印刷有限公司
开　　本	787mm×1092mm　16开
印　　张	7.25
字　　数	157千
版　　次	2019年6月第1版　2019年6月第1次印刷
定　　价	45.00元
书　　号	ISBN 978-7-5472-6208-5

前　言

　　汉语言文学导论学科在最近几年的发展过程中，出现了一些新趋势、新材料、新观点，加上国外文学理论的不断输入，使我们感到有必要通过重新编写教材，对这门学科及其发展进行反思和审视。另外，国内文学理论界在最近几年里对大学文学理论课程的教学和研究展开过一些较为深入的讨论，出现了一些新编的教材，其中有一些值得关注的看法和观点，我们认为可以在编写教材和教学实践中适当加以吸取。

　　确立了新教材的编写理念：打破国内文学理论教科书惯用的编写方法，即按照所谓"通论"的方式表达编写者对文学理论学科和各种理论问题的见解，试图以此作为具有"普遍性"的理论观点，甚至认为可以用来"指导"文学理论、文学批评、文学欣赏和文学创作。我们可以把这种编写教材的理念叫作"全知全能"式的，其弊端显而易见，最主要的是容易对大学生的学习和独立思考形成束缚。鉴于此，我们在重新编写本教材时，确立了以下基本原则。

　　第一，注重教学对象的特殊性，即刚刚进入大学学习、没有经过系统的文学专业训练的高中学生。教材应当为这样的学生提供文学理论各个方面的基础知识，强调阅读和理解相关理论问题的文献原典。我们认为，文学理论的文献原典主要由马克思主义文论、中国文论和西方文论三个部分构成。理解和把握文献原典，是掌握文学理论基础的第一步，也是最为重要的一步。

　　第二，强调学生在课程学习中的主动性、积极性和创造性，在教材内容中突出基础性、知识性、经典性、开放性、多元性和新颖性。以相对客观、中性地介绍不同观点和理论为主，尽量避免以一己的观点代替客观的介绍和陈述。在同一个问题上或同一个论域中，尽可能为学生提供各种有代表性的观点，目的在于启发和开拓他们自己的思路，而不是把他们局限在一个狭小的知识领域中。或者说，我们不应像过去那样，一再重复老师讲什么学生就接受什么的僵化教学模式，而应强调培养学生的"问题意识"。我们相信，老师或教材的观点都不应成为"真理"的化身。同时，人文学科的理论总是有限的，要受理论家的视野和立场的限制，不存在无所不包的"总体性理论"。

　　第三，我们并不主张在教学中完全放任自流，必要的梳理和引导仍然很有必要。这一原则与前述看法并不矛盾。梳理和引导的主旨不是以偏概全，以一己的看法代替经过时间检验的各种理论见解。梳理和引导的重点在于介绍语境，概述一种观点或理论的传承、演变、发展和问题的焦点所在，目的在于引导学生从经典文献中把握住观点或理论的内在脉络。所以，我们在各章前面撰写了"概述"，以问题为核心，对相关的、有重要影响的问题、理论、观点的发展演变做出简要的概括。每个小节前也有概述，就本节内容的发展概况、主要代表人物、理论、观点做出尽可能全面的介绍，并与本节选录的文献原典挂钩。

第四，全书的构成以论域和问题为基本框架，以概述为引导，以选录经典理论和观点为主要内容，每章列出若干有针对性的思考题，覆盖本章的内容，以此体现我们试图改变传统教材编写法的基本思路。我们将尽可能地提供可靠的文献选录，要求所选文献要具有代表性和权威性，采用的选本为学术界公认的权威版本，并且注明作者（译者）、书名、出版社、版本、页码，以便学生自学时查对原初文本。我们的做法是以这一认识为基础的：任何理论建构都必须有坚实的文献资料作为支撑，否则就会流于空洞或者自说自话，经不起实践和时间的检验。

当然，我们也意识到了，由于受到各种因素和条件的制约，我们的意图能否真正实现，还是一个未知数。要在实践中取得良好的教学效果，依然需要进行大量努力。但无论如何，我们已经走出了试图改变文学理论教学和教材缺乏活力与生气的第一步，往后没有后退的余地。我们愿意在不断总结经验和吸取教训的基础之上，不断努力推进与概变文学理论教材和教学现状的这种进程。

本书由甘肃农业职业技术学院田喆、青岛幼儿师范学校刘珮和甘肃财贸职业学院石瑾担任主编。具体编写分工如下：第一章至第五章由田喆编写，共计十二万字；第六章由石瑾编写，共计三万字。全书由刘珮审校、统稿。

最后，要感谢所有作者对汉语言文学导论课程所付出的长期努力。本书是所有参与者的集体智慧和知识积累的结晶，也是集体努力的一项成果。

编　者
2019年2月

目　录

第一章
文学本质论

概 述

　　当代中国的文学理论作为现代大学文科教育体制中的一门知识性学科，是在受到外来影响的情况下逐步建立起来的。从 20 世纪前半期开始，中国大学受到日本和西方世界的影响，先后使用过"文学概论""文艺学""文学理论"等名称。"文艺学"是从苏联的"文学学"或"文学科学"翻译过来的说法（原文的"文学"被改译成了范围更广的"文艺"）。我们认为，面对这一学科的历史和现状，使用"文学理论"这个名称较恰当。在中国古代，与现代文学理论有关的理论形态主要有文论、诗论、词论、曲论、散文和小说评点等。在西方古代，与现代文学理论有关的理论形态主要有诗学和修辞学。直到 18 世纪晚期，现代形态的文学理论才从启蒙运动的时代语境中产生出来，并且受到了当时开始出现的审美主义理论的影响。

　　文学理论的研究主要涉及文学的基本原理、概念和范畴，文学研究的方法，价值评判的标准等。这样的研究具有理论的普遍性和抽象性的特点。但是，文学理论研究必须面对文学的基本事实，从文学事实出发，一方面运用原理、方法、概念和范畴去解释文学事实，另一方面又要对文学事实做出价值评判。换句话说，文学理论的任务主要不是对文学事实做出判断，而是要对文学事实进行解释和价值评判。美国文学理论家韦勒克认为，"'文学理论'研究文学原理、范畴、标准等方面，而关于具体文艺作品的研究不是'文学批评'（主要采用静态的研究方法）就是'文学史'"[1]。这样看来，文学理论需要确立一系列概念、范畴、标准，并由此建构相应的理论框架，去解释和评判文学事实。历史上各种不同的文学理论之间的差别，就在于它们所确立的概念、范畴、标准以及由此建构的框架不同，因而面对相同的文学事实做出的解释和评判就有很大的差异。文学理论研究最重要的立足点是文学文本（文学作品的文本和文学理论的文本），以及文本产生的语境（历史和时代氛围、事件等）。离开文本和语境的文学理论，如同悬浮在空中一般。

---

① 雷内・韦勒克. 批评的概念［M］. 张金言，译. 杭州：中国美学学院出版社，1999：1.

　　除此之外，中国当代的文学理论虽然与近代以来的"西学东渐"有关，但是，中国古代存在着自己的文学理论传统，包括中国特有的文学理论概念、范畴、评判标准和理论框架，它们与外来的西方文学理论传统存在着很大差异。加之，马克思主义作为当代中国的主流意识形态，对当代中国文学理论的建立和发展有着深刻的影响。因此，当代中国的文学理论面临着马克思主义的理论传统、中国本土固有的理论传统和外来的理论传统之间相互融合、吸纳、传承和创新的局面。这种局面不仅是复杂的，而且也是动态的和不断发展的。

　　文学理论面对的最重要的事实，是文学作为人类特有的社会活动之一所包含的重要活动和环节：作为表达方式和生产活动的文学创作，作为阅读、欣赏、批评和消费活动的文学接受，以及文学自身随着不同历史、时代、传统的发展演变。在这一系列的活动和环节中，最核心的概念就是"文学"。文学理论研究总会直接或间接地涉及不同理论家对于"文学"概念的理解，这种理解始终都是随不同历史、时代、传统、个人差异而变化着的。

　　在中国古代，"文学"一词最早见于《论语·先进》中的"文学：子游，子夏"，其含义是指以"六经"为主的关于古代文献和典章制度的学问，即"文章博学"。后来，"文学"扩展为一切文献和学术的总称。汉代以后，"文章"与"博学"逐渐分开；就"文章"而言，它包括了天下的一切文章，并不专指今天外来的、现代意义上以体现"审美价值"为主的"优美文学"。曹丕在《典论·论文》中说的"盖文章，经国之大业，不朽之盛事"的"文章"，包括了奏议、书论、铭诔、诗赋八种，多数与"审美价值"无关。所以，正如日本学者铃木真美指出的："中国古代的'文学'含义是学习古代典籍。如果忽略以经书为中心的内容，可以说与意味着依靠读书获取学识的拉丁语 litteratura 的意思完全相同。"[①] 现代中国文学理论中的"文学"概念，是通过日本输入的西方现代以"审美价值"为核心的概念。鲁迅先生说得很清楚："……'文学'，这不是从'文学子游子夏'上割下来的，是从日本输入，他们的对于英文 Literature 的译名。"[②] 因此，在今天，我们应当联系历史演变来看"文学"这一概念的具体含义。与此同时，我们也要注意到，强调"文学"的"审美价值"是在当今中国文学理论界占主导地位的观点，不少理论问题的论争都与此有关。

　　在西方世界，"文学"概念的发展也有和中国类似的历程。美国学者乔纳森·卡勒说："如今我们称之为文学的是二十五个世纪以来人们所写的作品，而'文学'的现代含义才不过两百年。"[③] 英国学者雷蒙·威廉斯在《关键词：文化与社会的词汇》一书的"文学"条目中梳理过"文学"一词的演变和不同含义，具有重要的参考价值。从历史上看，在 18 世纪晚期的启蒙运动之前，西方传统知识学科中与文学有关的理论，都被归入"诗学"和"修辞学"之中。1746 年，法国神父巴托在《简化成一个单一原则的美的艺术》一文里将"美"与艺术联系在一起，明确提出"模仿美的自然"是一

　　① 铃木真美. 文学的概念 [M]. 王成，译. 北京：中央编译出版社，2011：44.
　　② 鲁迅. 门外文谈 [M] // 鲁迅全集. 第六卷. 北京：人民文学出版社，1981：93.
　　③ J. 卡勒. 文学理论入门 [M]. 李平，译. 南京：译林出版社，2008：22.

切艺术的共同原则。此后，启蒙运动中的重要人物狄德罗、达朗贝尔等人，英国学者夏夫兹博里、哈奇生等人，德国的"美学之父"鲍姆加登及其学生迈尔，受启蒙思想影响的歌德和康德等人，共同推动了现代以"审美价值"为核心的艺术体系的诞生。把"审美价值"作为"文学"的核心价值，从此就成了西方现代文学理论中"文学"概念的重要意涵。不过，从第二次世界大战之后直至现在，以审美价值为核心的"文学"概念，在西方世界不断遭到来自各个方面的质疑和挑战。

"文学"作为文学理论的核心概念，一直以来都是各种理论和理论家关注的焦点，追问文学的"本质"，同样也成了文学理论的重要问题。对"本质"问题的追问，一方面与"总体性"理论无所不包的理论取向有关，另一方面也与理论家们的"视点"（视野和立场）有关。因此，这个问题至今充满着争议。从概念上说，"本质"是指某个事物固定不变的、实质性的、能决定其他特征的根本性质。文学作为人类的一种社会活动，是否具有固定不变的"本质"，就成了争议的焦点。在今天的文学理论中，对文学本质的解释主要有两种路径：一种是通过考察不同的文学概念或定义来表明自己对于文学本质的理解，力图寻找到能解释所有文学现象的固定"本质"；另一种则是从文学活动涉及的主要方面和事实出发来考察文学，试图揭示出文学本质问题的复杂性和开放性。

美国学者艾布拉姆斯在《镜与灯：浪漫主义文论及批评传统》一书中提出过著名的"视点"理论。[①] 艾布拉姆斯从文学活动最基本的事实出发，勾画了一个以作品为中心的图式，其中，"作品"分别与"世界""作家""读者"三个要素相联系。这样，这四个要素就构成了文学理论考察文学本质问题的四个重要"视点"。"作品"（文学文本）是文学活动的核心和结果，它以语言或文字的物质化方式呈现出来，成为阅读、欣赏和评价的对象；"世界"是作品要呈现的对象和内容；"作者"是作品的写作者和创造者；"读者"则是作品的接受者。艾布拉姆斯对这四个"视点"做了如下解释："尽管任何像样的理论多少都考虑到了所有这四个要素，然而我们将看到，几乎所有的理论都只明显地倾向于一个要素。就是说，批评家往往只是根据其中的一个要素，就生发出他用来界定、划分和剖析艺术作品的主要范畴，生发出藉以评判作品价值的主要标准。因此，运用这个分析图式，可以把阐释艺术品本质和价值的种种尝试大体上划为四类，其中有三类主要是就作品与另一要素（世界、读者或作家）的关系来解释作品，第四类则把作品视为一个自足体孤立起来加以研究，认为其意义和价值的确不与外界任何事物相关。"[②]

艾布拉姆斯的"视点"理论在现代文学理论界得到了一定程度的赞同，这表明他勾画的图式对于解释古往今来的文学理论关于文学本质的观点具有一定的合理性。如果从逻辑联系上看，天下所有的文学活动都与作品、世界、作家、读者有关系，离开任何一个方面都不行。同时，"视点"理论有助于在理论上概括和梳理各种不同的文学

---

① M. H. 艾布拉姆斯. 镜与灯：浪漫主义文论及批评传统［M］. 郦稚牛，等，译. 北京：北京大学出版社，2004：6.

② 同①.

本质观，如再现论、表现论、读者论和作品论。然而，我们也要注意到，艾布拉姆斯的图式虽然凸显了文学活动的四个逻辑视点，却忽视了文学活动的其他重要环节，比如文学活动与历史、时代、环境、传播方式和手段、社会机制等因素的关系。也就是说，人类的文学活动远比"四要素"说要复杂得多。这也是我们必须注意到的。

第一节　作品与文学的本质

在艾布拉姆斯关于文学"四要素"的图式中，"作品"处于图式的中心，实际上这表明了他自己的一种"作品中心论"的立场。"作品"作为作家创作的结果，必定会以某种特定的方式显现出来，即要以特定的物质化的方式存在。从一般的文学事实出发，我们很容易发现，文学"作品"最直接的物质存在方式是"语言"和"文字"。人类的语言是以语音、词汇、语法等要素构成的一个符号和意义的表达系统，它依托的物质表达形式是人类的语音，世界各民族都曾经有过以语言来表达的"口头文学"作品。文字是记录语言的符号系统，文字所依托的物质形式是文字符号（如象形文字和拼音文字等），及其记载媒体（如青铜、石头、泥版、简牍、纸张等）。人类进入文明社会以后，文字成了大多数民族文学表达的物质形式。以文字记录下来的语言所表达的内容和意义，在文学理论中被称为"文本"。在这个意义上，我们可以说，文学作品最直接的物质存在方式是由语言和文字形成的"文本"。文本所依托的物质传达方式和传播方式，在人类社会中是不断变化和发展着的，在近现代则与科学技术的发展有着紧密关系。

着眼于文学与"作品"的关系来理解文学的本质，或者建构关于文学本质的理论，在不同的文学理论传统中都有先例。它们往往具有一些共同的理论关注点：语言文字本身的表现能力，语言文字作为符号系统的特征与功能，语言文字与意义之间的关系，文本结构与意义之间的关系等。以"作品"为中心来理解文学本质的理论，经常被叫作"作品中心论"。

在中国古典形态的文学理论传统中，一直都存在着对语言文字表达意义之可能性问题的关注，也有对语言文字表达的形式之美的关注。《周易·系辞上》说到过"子曰：'书不尽言，言不尽意'"，以及"圣人立象以尽意，设卦以尽情伪，系辞焉以尽其言"。在后来对《周易》的研究中，"言""象""意"之间的关系成了理论讨论的重要议题。魏晋时期的"言意之辨"，则把"言"与"意"之间关系的讨论提升到了哲学层面。《论语》《左传》《礼记》等儒家经典都关注过"文"与"质"的关系，即文采修饰与表达内容之间的关系，这构成了儒家文学思想的重要命题之一。《老子》和《庄子》关注过有限的、可表达之"言"与无限的、不可表达之"意"和"道"的问题，提出过"言不尽意""得意忘言"等命题，它们构成了道家文学思想传统中的重要命题之一。齐梁时代的刘勰在《文心雕龙》中沿袭儒家文学思想的理路，也讨论过语言文字与表达内容、意义之间的关系，提出过"形文""声文""情文"的概念。魏晋南北朝时期，受佛经翻译的影响，人们注意到了语言文字音律之美的规则，为中国古代文学理论中形式美理论的产生提供了契机。南朝文人沈约提出过与音律之美有关的"四声八病"说，为后来的诗词韵律理论奠定了基础。中国古代文论受佛教禅宗的影响，出现过将禅宗的道理运用于诗歌理论的理路，其中的重要话题之一就是"言"所不可表达的"言外之意"。唐代的皎然、司空图，宋代的严羽等人，都在"以禅喻诗"的理路上就语言文字表达意义的问题提出过自己的看法。总之，中国古代文论对文学"作品"问题的关注，大多集中在语言与意义的关系方面。除此之外，中国古代文论对"作品"的关注，还体现在对"文体"（体裁）的关注之上，在这个方面，从曹丕、陆机，到刘勰、萧统等人，都对关于文体的理论做出过自己的贡献。

在西方古代文论中，对"作品"问题的关注主要体现在修辞学中。修辞学的传统从亚里士多德开始，经过西塞罗、朗吉努斯、昆体良，一直传承到17、18世纪的现代早期。修辞学的原意是演讲术，本是古代希腊学院中为培养治理国家的贵族男青年而开设的学习课程，在中世纪则被纳入教会学校的课程。它包括两个大的方面：演讲稿写作和演讲中的表演，其中关于写作部分（从选材、立意到文辞运用和表达）的理论，与现代文学理论中讨论的"作品"和"文本"问题有关。在修辞学的传统中，语言表达的问题是重要议题之一。对语言表达的基本要求是要切合立意、选材、目的和功用、情感的运用等。值得注意的是，西方世界的修辞学传统由于种种历史原因，相当一部分文献经由阿拉伯世界的学者保存下来，其中的阐释自然也包含了部分阿拉伯学者们的贡献。从18世纪晚期到20世纪上半叶，随着文学理论受到审美主义和科学主义的影响与冲击，兴起了形形色色以"作品"和"文本"为中心的形式主义文学理论，它们的共同特点一方面是背离模仿论的传统，另一方面则力图割断文学文本与社会、语境、意识形态、价值评判之间的关系，要到文本的语言、结构中去寻求意义产生的根源，把"文本"当成一种独立自足的客体来研究。以英伽登、布莱等人为代表的形式主义文论受到现象学的影响，把文学"作品"当作独立自足的、与个人的意向性活动相关的一种"纯粹意向性结构"，认为意义产生于作家和读者之间的意向性活动。以什克洛夫斯基、艾亨鲍姆等人为代表的俄国形式主义文学理论，集中关注以文学语言为核心的"文学性"问题，认为文学作品之所以成为"文学作品"，就在于它所使用的语言不同于日常生活中使用的语言，作品的本质与语言的特质有关，其最大的特点在于文学语言的"陌生化"。以瑞士理论家皮亚杰和法国学者列维-斯特劳斯为代表的结构主义文学理论认为，文学作品的形式结构是独立自足的，结构模式是文学作品根本性的决定因素，强调结构的自主性、稳定性和封闭性。英美"新批评"的"文本"理论认为，文本的意义与作者和读者无关，要求斩断与作者有关的"意图谬误"，以及与读者有关的"感受谬误"，通过"文本细读"的方法从文本结构和词语中寻求文本表达的意义。

各种以语言、结构、文本为关注焦点的"作品中心论"的形式主义理论，强调了形式要素在文学作品中的重要性和价值。有不少形式主义理论借用了瑞士语言学家索绪尔的语言学理论，将其作为理论建构的"元理论"，以致一度造成了文学理论中的"语言学转向"。随着时间的推移，尤其是在解构主义理论带动下出现的各种以"颠覆"为宗旨的理论风潮，"作品中心论"的形式主义理论渐成明日黄花。在风潮退去之后，人们方才冷静下来思考形式主义理论的利弊。其弊端是显而易见的，比如割断文学作品与作家、读者、社会、语境、价值等的关系，把作品的意义局限在语言文字构成的文本之中。还有，由于深受科学主义思潮的影响，各种形式主义理论片面追求"科学性"和"价值中立"，排斥价值立场和评判，这样做显然有违文学创作的宗旨和社会功能。

【原典选读】

子曰：质胜文则野，文胜质则史。文质彬彬，然后君子。

——论语·雍也 [M] // 郭绍虞. 中国历代文论选：第一册.

上海：上海古籍出版社，1979：16.

诗人比兴，触物圆览。物虽胡越，合则肝胆。拟容取心，断辞必敢。攒杂咏歌，如川之澹。

——刘勰. 文心雕龙·比兴 [M] // 范文澜. 文心雕龙注（下）.

北京：人民文学出版社，1958：603.

爰自风姓，暨于孔氏，玄圣创典，素王述训，莫不原道心以敷章，研神理而设教，取象乎《河》《洛》，问数乎蓍龟，观天文以极变，察人文以成化；然后能经纬区宇，弥纶彝宪，发挥事业，彪炳辞义。故知道沿圣以垂文，圣因文而明道，旁通而无滞，日用而不匮。《易》曰："鼓天下之动者存乎辞。"辞之所以能鼓天下者，乃道之文也。

——刘勰. 文心雕龙·原道 [M] // 范文澜. 文心雕龙注（上）.

北京：人民文学出版社，1958：2-3.

若夫敷衽论心，商榷前藻，工拙之数，如有可言。夫五色相宣，八音协畅，由乎玄黄律吕，各适物宜。欲使宫羽相变，低昂互节，若前有浮声，则后须切响，一简之内，音韵尽殊，两句之中，轻重悉异，妙达此旨，始可言文。

——沈约. 宋书·谢灵运传论 [M] // 郭绍虞. 中国历代文论选：第一册.

上海：上海古籍出版社，1979：216.

大历以前分明别是一副言语，晚唐分明别是一副言语，本朝诸公分明别是一副言语，如此见方许具一只眼。

——严羽. 沧浪诗话 [M] // 郭绍虞. 沧浪诗话校笺.

北京：人民文学出版社，1961：139.

学诗先除五俗：一曰俗体，二曰俗意，三曰俗句，四曰俗字，五曰俗韵。

——严羽. 沧浪诗话 [M] // 郭绍虞. 沧浪诗话校笺.

北京：人民文学出版社，1961：108.

那种被称为艺术的东西的存在，正是为了唤回人对生活的感受，使人感受到事物，使石头更成其为石头。艺术的目的是使你对事物的感觉如同你所见的视像那样，而不是如同你所认知的那样；艺术的手法是事物的"反常化（OCTPaHeHИe）"手法，是复杂化形式的手法，它增加了感受的难度和时延。既然艺术中的领悟过程是以自身为目的的，它就理应延长。艺术是一种体验事物之创造的方式，而被创造物在艺术中已无足轻重。

——维·什克洛夫斯基. 作为手法的艺术［M］//俄国形式主义
文论选. 方珊, 等, 译.
北京: 生活·读书·新知三联书店, 1989: 6.

文学作品是一个多层次的构成。它包括（a）语词声音和语音构成以及一个更高级现象的层次，（b）意群层次: 句子意义和全部句群意义的层次，（c）图式化外观层次，作品描绘的各种对象通过这些外观呈现出来，（d）在句子投射的意向事态中描绘的客体层次。

——罗曼·英加登. 对文学的艺术作品的认识［M］.
陈燕谷, 晓未, 译. 北京: 中国文联出版公司, 1988: 10.

文学作品是一个纯粹意向性构成（a purely intentional formation），它存在的根源是作家意识的创造活动，它存在的物理基础是以书面形式记录的本文或其他可能的物理复制手段（例如录音磁带）。由于它的语言具有双重层次，它既是主体间际可接近的又是可以复制的，所以作品成为主体间际的意向客体（an intersubjective intentional object），同一个读者社会相联系。这样它就不是一种心理现象，而是超越了所有的意识经验，既包括作家的也包括读者的。

——罗曼·英加登. 对文学的艺术作品的认识［M］.
陈燕谷, 晓未, 译. 北京: 中国文联出版公司, 1988: 12.

第二节　世界与文学的本质

人类的文学活动不仅要以世界作为依托，而且也要以世界作为表现的重要内容。在这里，我们首先要明确，应当从更广泛的意义上去理解"世界"的含义。大凡自然界的山川秀色、天文地理、动物植物、四季交替，人类社会的历史和时代事件、错综复杂的人际关系，乃至个人的内心深处和梦幻奇境，都可以囊括在"世界"的范围之中。在中国古代文论和艺术理论中，往往会讲到"心"与"物"的关系，"物"这个概念大体上可以看成是我们今天所说的"世界"。在西方哲学和理论传统中，有"主体"和"客体"这一对概念，"客体"在某种程度上也可以看成是"世界"。

着眼于文学与"世界"的关系来理解文学的本质，或者建构关于文学本质的理论，在不同的文学理论传统中都有先例。尽管不同传统和理论之间存在着差异，但从"世界"出发建构的文学本质观的共同特点在于: 认为文学的本质是对"世界"的反映，"世界"的面貌决定了文学或作品的面貌，文学的本质在根本上离不开与"世界"的关系。

在中国文学理论的传统中，注重从"世界"角度来理解文学本质的观点，一般被称为"再现"论。这一理论脉络差不多从古到今贯穿始终。《周易·系辞下》讲到过包牺氏（伏羲）创立"八卦"时的仰观天象、俯察地貌、观鸟兽之文。这虽然不是在讨论文学和文学的本质，但其中涉及了文化创造与自然现象之间的密切关系。汉代董仲舒在《春秋繁露》里从哲学和政治学角度提出过"天人感应"的学说，这一学说被纳入儒家思想体系，对古人的理论思维方式产生过重要影响。齐梁时代的刘勰在《文心雕龙·原道》中强调了天地宇宙之"道"和文章之间的"源"与"流"的关系，其中的观点已经较为明确地涉及了"世界"与"文章之学"的逻辑关系。梁代钟嵘的《诗品序》认为，五言诗的产生离不开自然界的春花秋月、夏云暑雨和人世间的悲欢离合，他同样强调了诗歌与自然世界和人间世事的密切关系，因为有自然和人间的种种现象与事态，所以才"非陈诗何以展其义""非长歌何以骋其情"。清代的叶燮在《原诗》中将诗歌的根源归结到"理""事""情"三个重要方面，既表明了诗歌是理、事、情的再现，又表明了诗歌之"真"与理、事、情的内在联系。毛泽东的《在延安文艺座谈会上的讲话》在讨论文艺的源泉问题时非常明确地提出了"反映论"的文学本质观，认为文学是社会生活的反映。这一思想对新中国成立以来的文艺理论产生了深远影响。

在西方古典诗学中，注重文学本质与"世界"关系的"模仿说"，在两千多年里一直占据着支配性的地位。虽然"模仿说"的传统有内涵不同的分支，但其共同特点在于：认为文学的本质是模仿，或者是对"真理"的模仿，或者是对具有哲学意味的事件的模仿，或者是对自然世界的模仿。古希腊哲学家赫拉克利特认为，人类从鸟的鸣唱中学会了模仿。柏拉图在《理想国》里提出过"洞穴"理论和"三张床"理论，认为文艺是对现实的模仿，而现实又是对"理念"和"真理"的模仿。强调模仿与"真理"的关系，是柏拉图的"模仿说"最重要的核心。亚里士多德在《诗学》中认为，悲剧是按照"必然律"和"可然律"进行模仿，因而比历史更高，更具有哲学意味。文艺复兴时期的著名画家达·芬奇提出过"镜子说"，认为画家的任务是拿着"镜子"去映照自然，强调模仿的逼真性。近代以来，一些受马克思主义理论传统影响的理论家从不同角度提出过"反映论"的文学本质观。这一理论脉络的主要基石是马克思主义关于经济基础与上层建筑的学说。匈牙利美学家卢卡契在《历史与阶级意识》等著作中提出过"审美反映论"的文学本质观，将反映论与审美特质结合起来。西方文学理论传统中的"模仿说"现在虽然已经逐渐式微，但在其影响下产生的"写实主义"（也译作"现实主义"）理论，在强调"真实性"和逼真模仿方面，依然还在发挥着或明或暗的作用。中国当代文学理论对现实主义问题的重视，实际上表明了外来的理论已经开始在本土扎根并且结果。

从文学与"世界"的关系角度提出的文学本质观，不时面临着来自各个方面的挑战。首先遭遇到挑战的是其核心理念"真实性"的问题。争论的焦点往往集中在诗与哲学哪个更接近"真理"，以及"真实性"的含义（表面的真实、本质的真实、内心的真实等）。其次受到挑战的是"世界"与文学之间的关系问题，即它们的关系到底是直接的，还是存在其他中间环节。最后是作家在文学与"世界"关系中的地位问题，作家仅仅是被动地模仿"世界"、自然，还是在创作中处于独立自主的主体地位，自然世界和社会生活的内容是否要经过作家心灵的消化与过滤。这些争论和挑战触及了"再现论"和"模仿说"由于受到视点的限制而出现的"盲点"。它们揭示出来的问题是：任何一种理论在采取某种特定"视点"之时，必定会有所遮蔽。这恰好说明了理论总是有限度的，难以兼顾各种不同的"视点"，也难以做到囊括一切事实。

【原典选读】

子曰：小子何莫学夫诗？诗可以兴，可以观，可以群，可以怨。迩之事父，远之事君，多识于鸟兽草木之名。

——论语·阳货［M］//郭绍虞. 中国历代文论选：第一册.
上海：上海古籍出版社，1979：17.

文之为德也大矣，与天地并生者何哉？夫玄黄色杂，方圆体分，日月叠璧，以垂丽天之象；山川焕绮，以铺理地之形：此盖道之文也。仰观吐曜，俯察含章，高卑定位，故两仪既生矣。惟人参之，性灵所钟，是谓三才。为五行之秀，实天地之心，心生而言立，言立而文明，自然之道也。傍及万品，动植皆文：龙凤以藻绘呈瑞，虎豹以炳蔚凝姿；云霞雕色，有逾画工之妙；草木贲华，无待锦匠之奇。夫岂外饰，盖自然耳。至于林籁结响，调如竽瑟；泉石激韵，和若球锽。故形立则章成矣，声发则文生矣。夫以无识之物，郁然有采，有心之器，其无文欤？

人文之元，肇自太极，幽赞神明，《易》象惟先。庖牺画其始，仲尼翼其终。而《乾》《坤》两位，独制《文言》。言之文也，天地之心哉！若乃《河图》孕八卦，《洛书》韫乎九畴，玉版金镂之实，丹文绿牒之华，谁其尸之？亦神理而已。自鸟迹代绳，文字始炳，炎皞遗事，纪在《三坟》，而年世渺邈，声采靡追。唐虞文章，则焕乎始盛。元首载歌，既发吟咏之志；益稷陈谟，亦垂敷奏之风。夏后氏兴，业峻鸿绩，九序惟歌，勋德弥缛。逮及商周，文胜其质，《雅》《颂》所被，英华日新。文王患忧，《繇辞》炳曜，符采复隐，精义坚深。重以公旦多材，振其徽烈，剬《诗》缉《颂》，斧藻群言。至夫子继圣，独秀前哲，熔钧六经，必金声而玉振；雕琢性情，组织辞令，木铎启而千里应，席珍流而万世响，写天地之辉光，晓生民之耳目矣。

——刘勰. 文心雕龙·原道［M］//范文澜. 文心雕龙注（上）.
北京：人民文学出版社，1958：1-2.

若乃春风春鸟，秋月秋蝉，夏云暑雨，冬月祁寒，斯四候之感诸诗者也。嘉会寄诗以亲，离群托诗以怨。至于楚臣去境，汉妾辞宫；或骨横朔野，或魂逐飞蓬；或负戈外戍，杀气雄边；塞客衣单，孀闺泪尽；或士有解佩出朝，一去忘返；女有扬蛾入宠，再盼倾国。凡斯种种，感荡心灵，非陈诗何以展其义？非长歌何以骋其情？

——钟嵘. 诗品序［M］//诗品注. 陈延杰，注.
北京：人民文学出版社，1980：2-3.

曰理、曰事、曰情三语，大而乾坤以之定位，日月以之运行，以至一草一木一飞一走，三者缺一，则不成物。文章者，所以表天地万物之情状也。

——叶燮. 原诗［M］//中国美学史资料选编（下）.
北京：中华书局，1981：306.

一切种类的文学艺术的源泉究竟是从何而来的呢？作为观念形态的文艺作品，都是一定的社会生活在人类头脑中的反映的产物。革命的文艺，则是人民生活在革命作家头脑中的反映的产物。人民生活中本来存在着文学艺术原料的矿藏，这是自然形态的东西，是粗糙的东西，但也是最生动、最丰富、最基本的东西，在这点上说，它们使一切文学艺术相形见绌，它们是一切文学艺术的取之不尽、用之不竭的唯一的源泉。这是唯一的源泉，因为只能有这样的源泉，此外不能有第二个源泉……文学艺术中对于古人和外国人的毫无批判的硬搬和模仿，乃是最没有出息的最害人的文学教条主义和艺术教条主义。中国的革命的文学家艺术家，有出息的文学家艺术家，必须到群众中去，必须长期地无条件地全心全意地到工农兵群众中去，到火热的斗争中去，到唯一的最广大最丰富的源泉中去，观察、体验、研究，分析一切人，一切阶级，一切群众，一切生动的生活形式和斗争形式，一切文学和艺术的原始材料，然后才有可能进入创作过程。否则你的劳动就没有对象，你就只能做鲁迅在他的遗嘱里所谆谆嘱咐他的儿子万不可做的那种空头文学家，或空头艺术家。

人类的社会生活虽是文学艺术的唯一源泉，虽是较之后者有不可比拟的生动丰富的内容，但是人民还是不满足于前者而要求后者。这是为什么呢？因为虽然两者都是美，但是文艺作品中反映出来的生活却可以而且应该比普通的实际生活更高，更强烈，更有集中性，更典型，更理想，因此就更带普遍性。革命的文艺，应当根据实际生活创造出各种各样的人物来，帮助群众推动历史的前进。例如一方面是人们受饿、受冻、受压迫，一方面是人剥削人，人压迫人，这个事实到处存在着，人们也看得很平淡，文艺就把这种日常的现象集中起来，把其中的矛盾和斗争典型化，造成文学作品或艺术作品，就能使人民群众惊醒起来，感奋起来，推动人民群众走向团结和斗争，实行改造自己的环境。如果没有这样的文艺，那末这个任务就不能完成，或者不能有力地迅速地完成。

——毛泽东．在延安文艺座谈会上的讲话［M］//毛泽东选集：一卷本．

北京：人民出版社，1967：817-818.

史诗和悲剧诗，喜剧和酒神颂，以及大部分双管箫乐和竖琴乐——这一切实际上是模仿，只是有三点差别，即模仿所用的媒介不同，所取的对象不同，所采的方式不同。

——亚里士多德．诗学［M］．罗念生，译．

北京：人民文学出版社，1982：3.

悲剧是对于一个严肃、完整、有一定长度的行动的模仿；它的媒介是语言，具有各种悦耳之音，分别在剧的各部分使用；模仿方式是借人物的行动来表达，而不是采用叙述法；借引起怜悯与恐惧来使这种情感得到陶冶。

——亚里士多德．诗学［M］．罗念生，译．

北京：人民文学出版社，1982：19.

镜子为画家之师——若想考查你的写生画是否与实物相符，取一镜子将实物反映入内，再将此映像与你的图画相比较，仔细考虑一下两种表象的主题是否相符。

首先应当将镜子拜为老师，在许多场合下平面镜上反映的图像和绘画极相似。你看到画在平坦表面上的东西可显出浮雕，镜子也一样使平面显出浮雕。绘画只有一个面，镜子也只有一个面。绘画不可触摸，一个看去似乎圆圆的突出的东西，不能用手去捧住，镜子也有同样的情形。镜子和画幅以同样的方式表现被光与影包围的物体，两者都同样似乎向平面内伸展很远。

你若明白镜子借助轮廓与光影使物体突出，而在你的色彩之中，还具备比镜子更强烈的光和影，因此，若是你晓得如何调配颜色，你的图画就能像一面大镜子中看见的自然物。

——列奥纳多·达·芬奇. 芬奇论绘画［M］.

戴勉，编译. 北京：人民美术出版社，1979：51.

论绘画与诗——在表现言词上，诗胜画；在表现事实上，画胜诗。事实与言词之间的关系，和画与诗之间的关系相同。由于事实归肉眼管辖，言词归耳朵管辖，因而这两种感官之间的相互关系也同样存在于各自的对象之间，所以我断定画胜过诗。只因画家不晓得替自己的艺术辩护，以致长久以来没有辩护士。绘画无言，它如实地表现自己，它的结果是实在的；而诗的结果是言辞，并以言辞热烈地自我颂扬。

论绘画与诗的区别——想象与实在之间的关系犹如影子和投射影子的物体之间的关系：同样的关系也存在于诗与绘画之间。诗用语言把事物陈列在想象之前，而绘画确实地把物象陈列在眼前，使眼睛把物象当成真实的物体接受下来。诗所提供的东西就缺少这种形似，诗和绘画不同，并不依靠视觉产生印象。

——列奥纳多·达·芬奇. 芬奇论绘画［M］.

戴勉，编译. 北京：人民美术出版社，1979：20.

第三节　作者与文学的本质

作者即写作文学作品的人，也被叫作文学创作的"主体"。在中国古代，文学理论往往比较看重作者的道德修养和情性的表达，作者个人写作的价值总是与更大的治国、安邦、平天下的使命联系在一起。在西方世界，正如艾布拉姆斯认为的："作者是那些凭借自己的才学和想象力，以自身阅历和他们对一部文学作品特有的阅读经验为素材从事文学创作的人……只要文学作品是大手笔并且是原创的，那么，其作者理应荣获崇高的文化地位并享有不朽的声誉。"[1] 艾布拉姆斯所说的这种"作者"，显然是从 18 世纪晚期启蒙运动和浪漫主义运动以来被奉为"天才"和具有"主体性"的"创造者"。这是现代文学理论中的"作者"概念。但在实际上，文学作者的身份在历史上一直处于变化之中，从口头传说的无名作者，到模仿者，再到"天才""浪荡子"和享有"权威""荣耀"与"知识产权"的个人，这些都与社会转型和风气的变化有关。简单地说，在启蒙运动之前，作者的地位不高与柏拉图思想贬低感性、抬高理性有关，此后，西方的主体性哲学和审美主义思潮的崛起，把作者地位提升到了一个前所未有的和神圣的高度。到后现代时期，则出现了解构作者头上的各种"光环"的趋势。因此，作者的现代概念与过去的概念之间，存在着很大的差别，作者的身份始终处于变化之中。

以文学的"作者"为中心来理解文学本质的观点，可以被叫作"作者中心论"。"作者中心论"往往从现代的作者概念出发，一方面强调作者在文学创作中的"主体

---

① 艾布拉姆斯. 文学术语词典（中英对照）［M］. 吴松江，等，译. 北京：北京大学出版社，2009：29.

性"地位和特殊才能,另一方面则会把文学的本质和文学创作的根源,归结为作者个人的才能和灵性。因而,西方现代文学理论中兴起的"表现论",经常认为文学本质是作者内在"主体性"的表现,或者是作者的自我表现。所谓"主体性",是从现代哲学中挪用的一个概念,主要指作者的自主性("自由"是其重要意涵)。当代中国的文学理论对"作者"的理解,或多或少受到了这种崇尚"主体性"的观点的影响,把关注表现作者内心世界("志"与"情")的理论叫作"表现论"。

在中国古代文论中,的确存在着关注表现作者内心世界的理论传统。人们一般认为,这种传统主要体现在诗歌理论中的"言志"说与"缘情"说。"言志"说最早见于《尚书·舜典》中的"诗言志,歌永言"。朱自清先生认为,"诗言志"是中国古代诗论"开山的纲领"[①]。及至汉代毛苌在《毛诗序》中提出"诗者,志之所之也,在心为志,发言为诗",此后,"言志"说几乎就成了中国古代诗歌理论中的"正统"理论。"志"在古代诗人那里,总是与社会和政治秩序相联系的一种怀抱和情意指向,较少带有现代理论所注重的个人性和一己情怀。《毛诗序》在提及"言志"时,也说到了"情动于中而形于言",但把强调的重点放在了"言志"之上。西晋时期的陆机在《文赋》中明确提出了"诗缘情而绮靡"的观点,显然不同于以表达家国大事为主的正统理论"诗言志"。不过,也需要注意到,即便是"吟咏情性",同样也有与家国大事相联系的豪迈之情,和与个人心境相联系的一己私情,不能简单地把"缘情"等同于现代文学理论中的"自我表现"和情感表达。明代李贽的"童心"说,公安派的"独抒性灵"说,清代袁枚的"性灵"说,其实都强调了对个人"情性"的表达和抒发。中国近代的"表现论",大多带有受到西方现代文学理论影响的痕迹。

在西方文学理论的传统中,由于柏拉图理论的影响长期处于支配地位,现代文学理论中的"表现说"作为对柏拉图理论支配地位的反抗,直至18世纪晚期以后才逐渐占上风。在这场较量中,浪漫主义诗人们为了抬高自身的地位,不仅要让诗歌与哲学抗衡,认为诗歌可以表达真理,而且还要给诗人们戴上"天才"之类的各种"桂冠"。英国浪漫派诗人济慈、华兹华斯、雪莱等人,法国浪漫派诗人拉马丁等人,德国浪漫派诗人诺瓦利斯等人,共同推进了这一潮流。其中,最有代表性的是华兹华斯在《〈抒情歌谣集〉序》中宣称的"诗是强烈情感的自然流露",经常被当成是现代诗歌理论中"表现论"的标志性观点。此后,还有朱光潜先生竭力推介的意大利理论家克罗齐美学理论中的"直觉表现说",但是,克罗齐的观点与浪漫派诗人们抬高自己地位的努力并无直接关系。此外,从19世纪后期到20世纪早期,西方世界兴起了一股对抗以黑格尔为代表的理性主义的生命哲学思潮,其代表人物有丹麦哲学家克尔凯郭尔、德国哲学家叔本华和尼采、法国哲学家柏格森、奥地利心理学家弗洛伊德等人。他们强调生命意志和生命活动的本能冲动,强调非理性力量的作用,认为文艺不过是生命活动本能间接的或者曲折的表现,并不是作者在理性支配下的产物。在这股非理性主义的生命哲学思潮影响下出现的文学理论,虽然有时也被冠以"表现论"的标签,其实与浪漫派所倡导的"表现论"并非出自一路。

---

① 朱自清. 朱自清说诗 [M]. 上海:上海古籍出版社,1998:1.

以"作者中心论"为依托的"表现论"文学本质观,借助"主体性"哲学理论,以颠覆柏拉图主义为宗旨,张扬个性、情感、天才,以提高诗人的地位。此后,又将法权与作者个人的权利和地位结合起来,赋予诗人以各种荣耀和权威。这种西方现代的文学思潮,与一般意义上的"表现论"有着很大的不同。受非理性主义思潮影响的生命哲学导向下的"表现论",同样也有类似之处。就一般意义上的"表现论"而言,文学创作活动的确与作者的自主性和自由分不开,强调作者在创作中的主导地位有合理性的一面。但是,简单套用哲学上的"主体性"来谈文学上的"表现论",并不完全恰当。我们必须看到,作者作为生存于社会复杂关系网络中的社会人,不大可能摆脱作者所处的社会生活中的物质性、经济关系、政治立场、思想倾向、生存处境的制约。在这种意义上,作者的"自主性"和"自由"都无疑会受到各种社会关系的制约。此外,必须注意到的是,即便就"表现"而言,也并非只有表现情感才叫"表现"或者"表现论",正如俄国早期马克思主义理论家普列汉诺夫所说:"艺术既表现人们的感情,也表现人们的思想。"①

【原典选读】

"直而温,宽而栗。刚而无虐,简而无傲。诗言志,歌永言。声依永,律和声。八音克谐,无相夺伦,神人以和。"唐代孔颖达注疏云:"作诗者自言己志,则诗是言志之书,习之可以生长志意。故教其诗言志以导胄子之志使开悟也。作诗者自言不足以申意,故长歌之,教令歌咏其诗之义以长其言。"

——尚书正义·舜典［M］//十三经注疏:上册.北京:中华书局,1980:131.

"诗者,志之所之也。在心为志,发言为诗。"孔颖达疏云:"上言用诗以教,此又解作诗所由。诗者,人志意之所之适也。虽有所适,犹未发口。蕴藏在心谓之为志,发见于言,乃名为诗。言作诗者所以舒心志愤懑而卒成于歌咏,故《虞书》谓之'诗言志'也。包管万虑,其名曰心,感物而动,乃呼为志。志之所适,外物感焉。言悦豫之志则和乐兴而颂声作,忧愁之志则哀伤起而怨刺生。《艺文志》云'哀乐之情感,歌咏之声发',此之谓也。正经与变同名曰诗,以其俱是志之所之故也。"

——毛诗正义·诗大序［M］//十三经注疏:上册.北京:中华书局,1980:269.

遵四时以叹逝,瞻万物而思纷;悲落叶于劲秋,喜柔条于芳春;心懔懔以怀霜,志眇眇而临云;咏世德之骏烈,诵前人之清芬;游文章之林府,嘉丽藻之彬彬;慨投篇而援笔,聊宣之乎斯文。

——陆机.文赋［M］//郭绍虞.中国历代文论选:第一册.
上海:上海古籍出版社,1979:170.

艺术活动是以下面这一事实为基础的:一个用听觉或视觉接受他人所表达的感情的人,能够体验到那个表达自己的感情的人所体验过的同样的感情。

……

---

① 普列汉诺夫.普列汉诺夫美学论文集(一)［M］.曹葆华,译.北京:人民出版社,1983:308.

艺术起源于一个人为了把自己体验过的感情传达给别人,于是在自己心里重新唤起这种感情,并用某种外在的标志表达出来。

我们以一件最简单的事作为例子:比方说,一个遇见狼而受过惊吓的男孩子把遇狼的事叙述出来,他为了在其他人心里引起他所体验过的那种感情,于是描写他自己、他在遇见狼之前的情况、所处的环境、森林、他的轻松愉快的心情,然后描写狼的形象、狼的动作、他和狼之间的距离,等等。所有这一切——如果男孩子叙述时再度体验到他所体验过的感情,以之感染了听众,使他们也体验到他所体验过的一切——这就是艺术。如果男孩子没有看见过狼,但时常怕狼,他想要在别人心里引起他体验到的那种恐惧的感情,就假造出遇狼的事,把它描写得那样生动,以至在听众心里也引起了想象自己遇到狼时所体验的那种感情,那么,这也是艺术。如果一个人在现实中或想象中体验到痛苦的可怕或享乐的甘美,他把这些感情在画布上或大理石上表现出来,使其他的人为这些感情所感染,那么,同样的,这也是艺术。如果一个人体验到或者想象出愉快、欢乐、忧郁、失望、爽朗、灰心等感情,以及这种种感情的相互转换,他用声音把这些感情表现出来,使听众为这些感情所感染,也像他一样体验到这些感情,那么,同样的,这也是艺术。

各种各样的感情——非常强烈的或者非常微弱的,非常有意义的或者微不足道的,非常坏的或者非常好的,只要它们感染读者、观众、听众,就都是艺术的对象。戏剧中所表达的自我牺牲以及顺从于命运或上帝等感情,或者小说中所描写的情人的狂喜的感情,或者图画中所描绘的淫荡的感情,或者庄严的进行曲中所表达的爽朗的感情,或者舞蹈所引起的愉快的感情,或者可笑的逸事所引起的幽默的感情,或者描写晚景的风景画或催眠曲所传达的宁静的感情——这一切都是艺术。

作者所体验过的感情感染了观众或听众,这就是艺术。

在自己心里唤起曾经一度体验过的感情,在唤起这种感情之后,用动作、线条、色彩、声音,以及言词所表达的形象来传达出这种感情,使别人也能体验到这同样的感情——这就是艺术活动。艺术是这样的一项人类的活动:一个人用某种外在的标志有意识地把自己体验过的感情传达给别人,而别人为这些感情感染,也体验到这些感情。

——托尔斯泰.艺术论 [M].丰陈宝,译.
北京:人民文学出版社,1958:46-48.

通过为自己创造一种想象性经验或想象性活动来表现自己的情感,这就是我们所说的艺术。

我们还不知道这个公式意味着什么。我们可以逐词加以注释,然而只是为了预先防止误会。这样,"创造"指一种并不具有技巧特征的生产活动。"为自己"并不排斥"为他人",相反,至少在原则上,"为自己"似乎是包括"为他人"的。"想象的"丝毫也不意味着任何"虚拟"之类的东西,它也不意味着名为想象的活动是进行想象的人所私有的。"经验或活动"似乎不是感官性质的,并且不能以任何方式加以特殊化,它是包括整个自我在内的某种总体活动。"表现"情感与唤起情感当然不是同一件事情。情感在我们表现它之前就已经存在了。但是,在我们表现情感时,我们赋予它另一种不同的情感色彩；因此，表现以某种方式创造了它所表现的东西，因为确切地说，这种情感、情感色彩以及诸如此类的一切，只有在得到表现的情况下才会存在。最后，只有当我们"情感"所指的那类东西，在我们谈论的那种场合中得到了表现时，我们才能说"情感"是什么。

——罗宾·乔治·科林伍德. 艺术原理［M］. 王至元，陈华中，译.

北京：中国社会科学出版社，1985：156.

第四节　读者与文学的本质

现代文学理论中的"读者"概念，具有多种不同的含义。它可以指文学作品的一般读者，文学作品的鉴赏者，也可以指文学作品的批评者和研究者。但是，无论是哪种意义上的读者，从理论的关注点上说，焦点都在于"读者"与"作品"之间的关系，具体说，就是"读者"如何接受和理解"作品"所传达的内容与意义。以此为标杆，可以划分出传统文学理论的读者观和现代文学理论的读者观：传统文学理论大多没有注意到读者在阅读文学作品活动中的积极作用，往往把读者看成是消极的和被动的接受者；现代文学理论注意到了读者在阅读活动中的主动性和积极参与，乃至认为文学作品是作者与读者共同创造的。

以"读者"为中心来理解文学本质的观点，可以叫作"读者中心论"。因此，根据现代文学理论的理解，我们可以把"读者"界定为文学作品创作的参与者和消费者。现代文学理论的"读者中心论"受到哲学阐释学等理论的影响，从不同的角度和方面凸显了读者在理解文学作品中的积极作用。随着西方文学理论不断输入中国，当代中国文学理论中的"读者"论也在不同程度上受到了西方理论的影响。但是，这并不意味着中国古代文论中没有自己关于读者的观点和理论。

早在先秦时期，《论语·季氏》中就有"不学诗，无以言"的说法，其意思是说阅读和学习《诗经》有助于培养人的理解能力和表达能力。孟子曾经提出过理解文本的"以意逆志"的方法："故说诗者，不以文害辞，不以辞害志，以意逆志，是为得之。"[①]孟子的说法强调在理解文本的过程中要以读者之"意"去反推诗人之"志"，实际上表明了读者要参与对文本意义的理解。汉代学者董仲舒在《春秋繁露》中提出过"诗无达诂"的著名观点，强调了不同读者在理解诗歌中存在的差异性，其中隐含着读者会把自己的"先入之见"带入对诗歌的理解中去的意思。这个观点与西方现代阐释学的观点颇为近似。齐梁时代的刘勰在《文心雕龙·知音》中提出过"观文者披文以入情"的观点，并且提出了要观察位体、置辞、通变、奇正、事义、宫商的"六观"说。刘勰的这些观点，同样注意到了读者在阅读活动中积极参与的主动性。很特别的是，刘勰所说的"知音"，并不是指一般的读者，应该是指具有很高文学修养的读者。梁代的钟嵘在《诗品序》中认为，好的诗歌应该使"味之者无极，闻之者动心"，实际上是从

---

① 焦循. 孟子正义［M］. 北京：中华书局，1987：638.

不同角度看到了读者体味和聆听的不同阅读层次。明代的汤显祖，清代的李渔、王夫之，都从不同方面看到了读者在阅读活动中的不同需要、差异性和主动性。所有这些观点都表明，中国古代文论有自身关于阅读活动和读者的理论遗产，它们在理论形态和表达方式方面拥有不同于西方理论的特色。只不过从现代以来，我们过于唯西方理论马首是瞻，不大注意发掘我们自己的理论资源。

在西方古代文学理论中，我们还是可以发现一些理论家涉及过读者阅读的问题。古希腊的亚里士多德在《诗学》中就悲剧的效果提出过"净化"说，他对此进行的阐述隐含着他对读者在阅读活动中的作用的认识。古罗马的贺拉斯在《诗艺》中曾提出"寓教于乐"的观点，实际上注意到了诗歌读者在阅读活动中的愉悦需求。在西方传统的修辞学理论中，非常强调演说对于听众的说服效果，这表明了相关的修辞学理论并未把听众当成消极的和被动的接受者，而是认为他们对于演说的内容有着自己的辨别力和判断力。

19 世纪的俄国文学评论家别林斯基曾经提出过著名的"一千个读者有一千个哈姆雷特"的观点，此后这个观点被广泛援引，用以说明不同读者在阅读理解中的差异性。在马克思主义理论传统关于"艺术生产"的理论中，非常强调艺术接受者的消费活动对艺术生产活动的积极影响与作用，强调接受者的需要对生产者的生产的制约作用。从 18 世纪哲学阐释学的产生开始，西方文学理论中的"读者论"开始出现了转折性的变化，读者被推到了理论的前台，他们在阅读活动中的作用得到了凸显，由此催生了各种现代的读者理论。

德国哲学家施莱尔马赫和狄尔泰等人为现代哲学阐释学的诞生做出过贡献，他们使阐释学脱离具体的学科门类成为一般的方法论，而 20 世纪的德国哲学家海德格尔则将阐释学从方法论和认识论转变为本体论哲学。德国哲学家伽达默尔提出的阐释学理论，对现代文学阐释学生产过重要影响。他认为，读者在阅读活动之前的"前见"具有必然性与合理性，读者的阅读活动实质上是一个"视域融合"的过程，即文本的视域与读者的视域通过阅读活动不断地融合，每一次融合的结果又构成下一次阅读理解的起点。20 世纪接受美学的代表人物姚斯和伊瑟尔也对现代读者理论做出过贡献。姚斯认为，读者阅读之前的"期待视野"决定了读者阅读理解的可能性，也对其阅读活动构成了限制。读者从阅读活动中能够理解多少东西，取决于其"期待视野"的限度。因此，对"期待视野"的研究，就成了接受美学的主要任务。伊瑟尔提出的关键概念是文本的"召唤结构"，其含义是指文本特殊的构成能够不断唤起读者填补文本留下的"空白"和"未定点"，因而，文学作品产生于读者在阅读文本时的填空活动，读者的阅读活动是一种将文本具体化的再创造行为。读者反应批评的代表人物、美国学者斯坦利·费什把读者的阅读活动归结为"阐释共同体"的决定作用，认为应当重视文本话语在读者心中所产生的"心理效果"。美国学者乔纳森·卡勒认为，读者的阅读活动与读者的"文学能力"和"阅读阐释过程"有关，读者反应批评应当对这两个方面进行研究。

西方世界的各种现代读者理论最重要的贡献在于：它们揭示了读者的文学阅读活动的复杂性和所受到的限制，关注影响到读者阅读理解的社会、历史和个人因素，同时强调了阅读活动是读者与文本双向互动的过程，以及读者在阅读中的再创造活动。所有这些观点，不仅颠覆了传统文学理论对读者的简单理解，而且也改变了现代文学理论对"作品"的看法，即"作品"并不等同于物质性的文本实体，而是读者阅读活动的产物。但在另一方面，如果过分强调读者在阅读活动中的再创造作用，不注意到文本的意义除了文本本身和读者之外，还有社会、历史和作者等诸多决定因素，那么，现代读者理论解释的有效性将会大打折扣。

【原典选读】

　　如《玄元皇帝庙》（按：杜甫诗）作"碧瓦初寒外"句，逐字论之。言乎"外"，与内为界也。"初寒"何物，可以内外界乎？将"碧瓦"之外，无"初寒"乎？"寒"者，天地之气也。是气也，尽宇宙之内，无处不充塞；而"碧瓦"独居其"外"，"寒"气独盘踞于"碧瓦"之内乎？"寒"而曰"初"，将严寒或不如是乎？"初寒"无象无形，"碧瓦"有物有质，合虚实而分内外，吾不知其写"碧瓦"乎？写"初寒"乎？写近乎？写远乎？使必以理而实诸事以解之，虽稷下谈天之辨，恐至此亦穷矣！然设身而处当时之境会，觉此五字之情景，恍如天造地设，呈于象，感于目，会于心。意中之言，而口不能言；口能言之，而意又不可解。划然示我以默会想象之表，竟若有内、有外，有寒、有初寒，特借"碧瓦"一实相发之。有中间、有边际，虚实相成，有无互立，取之当前而自得，其理昭然，其事的然也。

——叶燮. 原诗·内篇下·五［M］//原诗 一瓢诗话草 说诗晬语.

北京：人民文学出版社，1979：30-31.

复习思考题

1. 文学理论的研究对象和任务是什么？
2. 现代的"文学"概念与古代的"文学"概念有哪些重要差异？
3. 文学作品依托的物质形式包含哪些具体要素？
4. 如何理解语言与表达意义之间的复杂关系？
5. 中国古代文论的"再现"说理论传统有哪些代表性的观点？
6. 西方传统的"模仿"说理论有哪些优势与不足？
7. 如何理解"作者"身份的历史变迁？
8. 中国古代文论中的"表现"论有哪些代表性的观点？
9. 如何理解"诗无达诂"这一说法？
10. 现代阐释学为解释读者的阅读活动做出过哪些贡献？

第二章
文学作品论

概 | 述 |

文学作品是作家审美体验的对象化、物态化，是鲜活感性的符号化形式，是人类精神超越性的存在。在中外文论史上，文论家们从诸多角度来理解和阐释文学作品的构成问题。

在中国传统文论中，文学被看作是作家内心思想、情感、人格、志趣、精神等的外化，对文学作品的构成问题常常是从作家创作的动态性这一角度来进行探讨的，诸如构成各要素之间的运动与变化关系，创作主体意志由内向外的投射等，由此形成了文与质、言与意、形与神等辩证关系。在这些关系中，传统文论相对更偏重于关注"质""意""神"，力图将这些形而上的内容作为主导，从而引发、生成有形的文字。不过，这些观念并没有妨碍中国古代文论对形式美的追求。比如，在文学创作中有对骈偶形式的推崇，齐梁时期有"四声说""八病说"等，它们都是在形式方面独具民族特色的观点。

西方文论认为，艺术形式是实体世界的具体化、丰富化、形式化，是客观规律性与主观目的性的统一。在《六概念史》中，波兰美学家托塔克维兹分析了艺术的存在方式——"形式"。他认为"形式"一词出自中古拉丁文的"形状"，这与古代希腊文"式样""……理念"等相关。该词来源的模糊性使"形式"这一概念的规定带有歧义性，出现了不同的形式理论。概括地说，"形式"一词在西方美学史中至少有五种含义，包括亚里士多德的实体存在（本体）形式、与元素相对立的排列形式、与内容相对应的外形式、与材料相对应的形状形式，以及康德的"与主体对知觉客体的把握的先验形式"。这些含义的形成与变化呈现出西方从古希腊到当代理解艺术作品形式与内容关系的历史脉络。

在西方，一般把文学作品当作"客观存在"进行研究，注重文学构成中各要素的逻辑关系。古希腊美学认为，文学作品的本体论是偏重于形式的。柏拉图认为"理念即形式"，形式是最真实的本体。亚里士多德在《形而上学》中指出，形式是事物的本体，艺术作品的美在于有头有尾的整一性。这种整一性既是形式的，又是内容的，是它们之间的一种契合。近代西方美学对艺术作品本体论的认识则显示出形式和内容的对立与分裂。在黑格尔那里，文学作品的内容与形式成为互相对立统一的两部分，并形成了三种主要的形态：形式大于内容为象征型艺术，形式与内容完美结合为古典型艺术，内容大于形式为浪漫型艺术。到了现代，哲学家试图弥合由于内容和形式的二元对立所造成的作品本体的两分局面。在形式主义思潮之后，结构主义、文学阐释学、文学现象学、接受美学、后结构主义等，都纷纷放弃了从内容方面来研究文学作品的构成。结构主义试图用作品的深层结构与人类心理的深层结构的对应关系，来取代传统的内容与形式的辩证关系，努力挖掘内容下面的深层意蕴；新批评的作品本体论立足于作品的抽象与具体关系上，强调通过语言分析去演绎作品的本意。此外，兰色姆的"结构—肌质说"、弗洛伊德的心理分析，弗莱的神话分析，罗兰·巴特的文学分析，英伽登的艺术作品现象学分析等，都从不同角度对文学作品的本体论进行研究。这些研究表明文学研究已从外部研究走向内部研究，成为 20 世纪文论的热门话题。可以说，文学作品本体论具有明显的偏重形式的倾向。在他们看来，"内容"一词，不仅含有具体形象，还包括逻辑、理念、伦理社会、历史等非艺术的因素。于是，人们将注意力放到作品本体的层次上，从不同角度、不同视野去挖掘语音学、文化学、心理学、文学等的深层结构。形式不再仅仅是内容的承担者，而成为内容本身。

需要注意的是，在接受美学看来，文学的构成从来就不是作品单方面的，读者的阅读行为是构成文学的重要部分。一方面，读者并非消极被动地接受作品的内容，而是带着自己独特的个人文化背景与"期待视野"来阅读，这种阅读的效果会有千变万化的结果和阐释意义；另一方面，那些将批评的重点放在对作家本意的追寻或者作品意义推敲的研究，是不能够真正走进文学本身的，真正的文学需要有具体读者的参与。因此，研究读者的心理活动与接受方式及其与文学作品之间的关系，也是他们新的研究方向。在这些方面，德国的加达默尔、法国的杜夫海纳、德国的尧斯等都曾做过深入的研究。

在后现代那里，一切坚固的东西都开始动摇、消散。所谓人的深层心理结构也并非是一成不变的永恒，而是被各种社会现实建构起来的。以法国德里达为代表的解构主义试图消解西方一直以来的、根深蒂固的逻各斯中心主义。由于每个词语客观上都有多面性，因此文本中的任何词汇与概念可以被它的对立面所替换，通过这个"技术"，文本所谓的客观性也就被瓦解了（这就是德里达所谓的"危险的替补"）。德里达抓住了语言和词汇对文本意义在表达上的根本缺陷，指出语言和文本的独立导致了传统相信非语言实体的真实性（如真理）的瓦解，每一个词语都是它自身，又在阅读它时产生变异。通常我们在阅读时，会选取某个词的一种确定的意义而忽视其他意义，这种选择就导致了这个词的其他意义的开启，语言的这种缺陷是永远存在的。美国的文学批评家如卡勒、米勒、保罗·德·曼等，都曾把这一理论运用在文学批评领域，使得文学在其构成上似乎变得飘忽不定，也使得任何边缘因素都有可能参与到文学的构成中来。

整个艺术史是艺术作品存在形式不断嬗变和扬弃的历史。在当代文论看来，文学作品是一个多层次逐渐指向深层结构的整体。这种深层结构和形象系统的建构是作家独特的、不可重复的，蕴含了生命体验和自我生存价值的确证。

第一节　文学作品的内容与形式

　　"内容"和"形式"是哲学上探讨事物构成的基本范畴。无论是自然界，还是人类社会，事物都有其内容和形式，都是两者的统一体。所谓内容，指的是构成事物内在要素的总和；所谓形式，指的是事物内在要素的组织、结构或表现形态，是事物存在的方式。

　　在中国传统文论中，虽然没有统一的关于文学构成的理论，但早在春秋时代，孔子就曾对文学的构成有过论述。在《论语·雍也》中，他说："质胜文则野，文胜质则史。文质彬彬，然后君子。"内容与形式是以"文"和"质"的概念来表达的：把事物内在的实质看作"质"；把事物表现于外在的、直观可见的、有章可循的表象看作"文"，孔子强调文质并重。然而另一方面，孔子在一定程度上又单独强调了"质"的重要性。如在《论语·先进》中，他说："先进于礼乐，野人也；后进于礼乐，君子也。如用之，则吾从先进。"从这里可以看出，孔子对脱离个人内心修养而片面追求外在空洞形式的厌恶。此外，从《周易·系辞》中演变出的"言、象、意"之间的关系，不仅涉及儒家对《易经》的观点，还涉及庄子对"言"和"象"关系不同于儒家的观点。直到魏晋时期，王弼在《周易略例》一文中对这个问题做了折中式的总结，成为此问题的经典论述。但此后关于"言、象、意"的讨论仍是层出不穷。再者，在传统文论中还有"形""神"关系论。在先秦，庄子认为有生于无，有形之物生于无形之道。汉代的思想虽然强调了形与神对事物构成的作用，但仍偏重于神，以神为主导。到了魏晋时期，出现了"形谢则神灭"（范缜《神灭论》）与"形尽神不灭"（主要为佛教所倡导）的争论，在文论上表现为"巧构形似""贵尚巧似"（钟嵘《诗品》）的重形论。到了唐末，从司空图开始引发了反对形似的文学倾向，提出了"超以象外，得其环中"（司空图《诗品·雄浑》），使其后的诗文、小说、戏曲理论都开始以重意境、重传神为主要的审美趋向了。

　　从内容与形式的辩证关系来理解文学作品的构成，亦是西方古典哲学和美学体系以及新中国成立以来文学理论界的主要导向。较早论述内容与形式有着不可分割的辩证关系的是德国哲学家黑格尔，他清理了一般观念中把内容看作独立于形式之外的东西，把艺术的形式看作艺术成熟的重要标志之一。同时，他从亚里士多德的"四因"说出发，分辨了内容与材料的不同：材料是没有包括成熟形式在自身之内的。

　　马克思主义继承了黑格尔哲学中辩证法的合理内核，认为内容与形式是对立统一的，两者在一定条件下可以相互转化。作为一种内容的形式可以成为另一种形式的内容，反之亦然，它们贯穿于事物发展的始终。苏联的一些文论家继承了马克思主义运用辩证关系来探讨文学的构成，代表人物有19世纪的别林斯基等，他们侧重于从文学作品的内容这一角度来探讨文学的构成；毕达科夫将文学的内容与社会生活联系起来，把形式看成能够整合内容并传递内容含义的形象，因此，后者常常带有一定的社会普遍性。

新中国成立以来的文学理论教程基本上沿袭了苏联的做法。在讲述文学作品的内容时，把思想情感看作是与现实生活同样重要的方面，并加入了"人"的因素；在讲述形式时，把形式看作是动态的生成维度，这与中国传统文论注重创作有着一定的继承性。

在西方，有的文论将内容与形式完全等同，有的则将二者割裂，甚至把内容还原成材料。比如俄国形式主义认为，文学研究的对象是文学作品本身，要探寻文学自身的特性、规律和独立自主性，即"文学性（literatureness）"。雷·韦勒克和奥·沃伦在他们编写的《文学理论》中认为，从文学作品的多层次存在方式及层次系统出发，上述二分法过于简单。他们关注的焦点是 20 世纪的结构主义，注重文学作品的多层结构及其相互关系。而佛克马等编著的《二十世纪文学理论》则对从俄国形式主义到结构主义的文学构成观做了较为清晰的勾勒，展现了从形式角度来看待文学作品构成的另一派图景。

总之，在文学作品中，内容和形式互相依存，作家根据一定的内容选择相应的形式。当然，形式也具有相对独立性。它们之间的关系如同一个人灵与肉的关系，二者合一才是丰富的、充满灵性的。

【原典选读】

子曰："质胜文则野，文胜质则史。文质彬彬，然后君子。"

——论语集释·雍也：第二册［M］.北京：中华书局，1990：400.

棘子成曰："君子质而已矣，何以文为？"子贡曰："惜乎！夫子之说君子也。驷不及舌。文犹质也，质犹文也。虎豹之鞟，犹犬羊之鞟。"

——论语集释·颜渊：第三册［M］.北京：中华书局，1990：840 - 842.

夫假象过大，则与类相远；逸辞过壮，则与事相违；辨言过理，则与义相失；丽靡过美，则与情相悖。此四过者，所以背大体而害政教。是以司马迁割相如之浮说，扬雄疾"辞人之赋丽以淫"。

——挚虞.文章流别论［M］//郭绍虞.中国历代文论选：第一册.

上海：上海古籍出版社，1979：191.

子曰："书不尽言，言不尽意。"然则圣人之意，其不可见乎？子曰："圣人立象以尽意，设卦以尽情伪，系辞焉以尽其言，变而通之以尽其利，鼓之舞之以尽神。"

……

是故夫象，圣人有以见天下之赜，而拟诸其形容，象其物宜，是故谓之象；圣人有以见天下之动，而观其会通以行其典礼，系辞焉以断其吉凶，是故谓之爻。

——周易·系辞上［M］//周易本义.

上海：上海古籍出版社，1995：148.

古者包牺氏之王天下也，仰则观象于天，俯则观法于地，观鸟兽之文，与地之宜，近取诸身，远取诸物，于是始作八卦，以通神明之德，以类万物之情。

——周易·系辞下［M］//周易本义.

上海：上海古籍出版社，1995：150.

荃者，所以在鱼，得鱼而忘荃；蹄者，所以在兔，得兔而忘蹄；言者，所以在意，得意而忘言。吾安得夫忘言之人而与之言哉？

——庄子·杂篇·外物［M］//老子 庄子.
上海：上海古籍出版社，1995：303.

黄帝游乎赤水之北，登乎昆仑之丘而南望；还归，遗其玄珠。使知索之而不得，使离朱索之而不得，使喫诟索之而不得也；乃使象罔，象罔得之。黄帝曰："异哉！象罔乃可以得之乎？"

——庄子·外篇·天地［M］//老子 庄子.
上海：上海古籍出版社，1995：138.

然子但知可言可执之理之为理，而抑知名言所绝之理之为至理乎？子但知有是事之为事，而抑知无是事之为凡事之所出乎？可言之理，人人能言之，又安在诗人之言之！可征之事，人人能述之，又安在诗人之述之！必有不可言之理，不可述之事，遇之于默会意象之表，而理与事无不灿然于前者也。

——叶燮. 原诗·内篇下·五［M］//原诗 一瓢诗话 说诗晬语.
北京：人民文学出版社，1979：30.

昭昭生于冥冥，有伦生于无形。精神生于道，形本生于精；而万物以形相生，故九窍者胎生，八窍者卵生。

——庄子·外篇·知北游［M］//老子 庄子.
上海：上海古籍出版社，1995：236-237.

夫性命者，与形俱出其宗。形备而性命成，性命成而好憎生矣。……是故不以康为乐，不以慊为悲，不以贵为安，不以贱为危，形神气志，各居其宜，以随天地之所为。夫形者，生之舍也；气者，生之充也；神者，生之制也。一失位则二者伤矣。是故圣人使人各处其位，守其职，而不得相干也。故夫形者，非其所安者也而处之则废；气不当其所充，而用之则泄；神非其所宜，而行之则昧。此三者，不可不慎守也。

——刘安. 淮南鸿烈集解·原道训：上［M］. 北京：中华书局，1989：39-40.

夫有因无而生焉，形须神而立焉。有者，无之宫也；形者，神之宅也。故譬之于堤，堤坏则水不留矣；方之于烛，烛糜则火不居矣。身劳则神散，气竭则命终。

——葛洪. 抱朴子内篇·至理［M］//王明. 抱朴子内篇校释.
北京：中华书局，1985：110.

自近代以来，文贵形似，窥情风景之上，钻貌草木之中。吟咏所发，志惟深远；体物为妙，功在密附。故巧言切状，如印之印泥，不加雕削，而曲写毫芥。故能瞻言而见貌，印字而知时也。

——刘勰. 文心雕龙·物色［M］.//范文澜. 文心雕龙注（下）.
北京：人民文学出版社，1958：694.

书之妙道，神彩为上，形质次之，兼之者方可绍于古人。以斯言之，岂易多得？必使心忘于笔，手忘于书，心手遗情，书笔相忘，是谓求之不得，考之即彰。

——王僧虔. 王僧虔笔意赞［M］//中国古典文艺学丛编（二）.
北京：北京大学出版社，2001：173.

绝仁灵素，少回清真。如觅水影，如写阳春。风云变态，花草精神。海之波澜，山之嶙峋。俱似大道，妙契同尘。离形得似，庶几斯人。

——司空图. 二十四诗品·形容［M］//诗品集解 续诗品注.
北京：人民文学出版社，1963：36.

第二节 文学作品的内容要素

文学作品的内容指作品中表现出的渗透着作家思想情感、认识评价的社会生活等，主要包括题材与素材、主题与情节、人物与环境、形象与情感。

题材有广义和狭义之分。广义的题材是指文学创作的取材范围，文学作品反映的社会领域，如历史题材、工业题材、农村题材、商业题材、军事题材、爱情题材等。狭义的题材是指作品中表现出的、经由作家在审美体验的基础上对素材进行加工、改造、提炼后的社会生活现象、心理意象、象征等。题材不同于素材。素材是作家接触到的、未经加工的原始生活材料，题材则是在素材的基础上加工而成的作品内容。题材在作品的内容中具有重要作用，是"构成已被规定了的作品内容的基本材料，是作品内容的基础"①。因体裁的不同，作品的题材有不同的构成特点：抒情类作品以情感表现为核心，叙事类作品则以人物塑造为核心。题材的形成离不开作家生活实践和世界观的制约，是作家从积累的创作素材中提炼加工而成。通常，我们把社会生活看作是题材的主要来源。但一些文学研究者也指出，题材虽然与一定的社会生活相关，但更多地却与"母题"相关，如俄国形式主义者。"母题"源于民间文学、民俗学研究，在文学作品中指的是不断以文学形式出现的、人类所面临的种种问题，是"最简单的叙述单位，它形象地回答原始头脑或生活中的各种问题"②。例如，各种关于日食、月食的神话，各类有关民俗（如劫婚）的传说等。

情感是构成文学作品内容的另一个重要要素，它充分体现了文学创作中作家的个人因素，这使得作品成为独特的、具体的现实存在，也是文学区别于以普遍性为对象的哲学或科学的重要特征。如苏珊·朗格所说的："艺术品是将情感（指广义的情感，亦即人所能感受到的一切）呈现出来供人观赏的，是由情感转化成的可见的或可听的形式。"③"这里所说的情感是指广义上的情感。亦即任何可以被感受到的东西——从一般的肌肉觉、疼痛觉、舒适觉、躁动觉和平静觉到那些最复杂的情绪和思想紧张程度，还包括人类意识中那些稳定的情调。"④ 人类情感无所不在，任何艺术作品都无法脱离情感，即使是"不动声色"，这本身也是一种情感。

不过在西方文论的传统中，历来对"情感"这一要素的阐释不够。柏拉图甚至认为情感是"人性低劣的部分"，而诗歌模仿这个低劣的部分，则是对理想国有害的。直

① 王朝闻. 美学概论［M］. 北京：人民出版社，1981：208.
② 维·什克洛夫斯基. 散文理论［M］. 刘宗次，译. 南昌：百花洲文艺出版社，1994：25.
③ 苏珊·朗格. 艺术问题［M］. 滕守尧，朱疆源，译. 北京：中国社会科学出版社，1983：24.
④ 同③：14.

到启蒙运动以后，由于人性的进一步觉醒，近代哲学出现了人文上的转折，情感这一要素才逐渐受到广泛的重视和深入的研究。比如康德既承认审美意象是一种想象力所形成的形象显现，同时又将审美判断力与情感相连，认为情感可以使认识能力生动起来。18世纪中叶，鲍姆嘉通创立美学，试图建立一种以人的感性为研究对象的科学。但在他的理论中，感性和情感仍然是"初级的"，还有待于提升到理性的高度上去。

在试图回归自然、情感，寻求完美人性的浪漫主义者那里，情感受到了空前重视。浪漫主义强调情感的自然流露，强调直抒胸臆。情感不仅是作家个人激情与自由意志的表达，更是一种来源于人本身的、前所未有的创造力，它使主体逐渐摆脱理念的约束。20世纪的表现论是西方最为重要的艺术理论之一，其基本内容是阐明艺术的本质在于情感表现。克罗齐直接把艺术归结为直觉，把直觉归结为情感表现；柯林伍德进一步强调艺术的表现性特征，认为只有表现情感的艺术才是真正的艺术。然而之后，在实证主义思潮影响下，客观的普遍性再一次战胜了主观的个体性。新批评的前驱者 I. A. 理查兹试图以理性的方法来分析情感的产生，把情感还原成各种环境——身体之间的刺激与冲动的不同类型，认为情感是可分析，甚至是可模拟并再现的东西。

对于注重个体性的中国传统文论来说。情感这一要素从一开始就处在非常重要的位置上，如《礼记·乐记》中对人的情感与社会之间的对应关系、音乐（艺术）与人的情感关系的强调等等。因此，在中国传统文论中，有"诗言志"和"诗缘情"两种强调艺术作品表现情感的观点。不过，需要注意的是，中国古代文论强调情感并不等于强调或突出主体（作家对于外部世界、对于他人的意志）的作用，相反，它强调的"情"恰恰是建立在放弃自我的主观任性，同时体察天地万物、人伦关系的基础之上的，具有普遍内涵的情感，而非一己私情。

在传统文论中，文学形象是构成文学作品内容的重要因素。文学形象塑造得成功与否，是衡量文学作品尤其是叙事类作品成功与否的重要标志。与哲学、科学、宗教等不同，文学主要用形象来反映生活，表达情感。正如黑格尔所说："艺术观照和科学理智的认识性探讨之所以不同，在于艺术对于对象的个体存在感到兴趣，不把它转化为普遍的思想和概念。"[①] 文学形象包含着深刻的社会生活本质与内涵，既是具体的、感性的、个别的，又是带有普遍性的。

"形象（image）"一词的本意指人物或事物的形体外貌，具有可视、可触和可感的形状。日常生活中所说的形象是客观存在的，其外部形式特征是事物所固有的，而文学形象与日常生活的形象有所区别，它是作家主观虚构和艺术想象的结晶，灌注着创作者的文化情趣和审美理想。值得注意的是，西方文化自现代性以来逐渐成为世界主流的文化，常常把形象看作是一个独立于主观世界和客观世界之外的中介世界的思想。这个中介世界类似于卡西尔哲学中的符号世界，哲学、科学、历史、神话、艺术都是人们为了认识世界和表现世界而创造出来的符号世界，人通过符号来认识世界，世界通过符号呈现给人们。在全球化的时代背景下，形象（image）的意义表达形式逐渐发展为三种：现代艺术中的美学意象、日常生活中的各类图像和文化互动中的文化形象。

---

① 黑格尔. 美学：第一卷 [M]. 朱光潜，译. 北京：商务印书馆，1979：48.

　　在文学理论中，人们常常把"形象（image）"与"意象（imagery）"一词混用。广义的文学形象指的是文学作品中描写的人物、景物、环境等一切有形物体所构成的艺术画面，而狭义的专指作品中的人物形象。文学形象不仅限于视觉形象，还包括人的五官感识所能感受到的一切形象，甚至包括更深层次的、经由人生感悟引发的超越"象"的境界。在西方，优秀的文学形象即典型，是作家成功塑造的生动丰富的艺术形象。较之一般的形象而言，它更能深刻地揭示和反映社会现实甚至人类历史的发展方向。而在中国古代，文学形象的塑造更多地是追求一种超越五官感识之外的"境界"，要求透过眼见之"象"，体悟人与自然、人与世界的融通之感。虽然中西方对文学形象的塑造方式、呈现方式不同，但殊途同归，都是诉诸具体物象来表达作家对世界的理解和感受。

　　"典型"理论源自西方，是西方文论对文学形象的深入理解，是现实型文学形象的高级形态。典型主要出现在叙事类作品中，是由一连串意象所组成的形象体系，其中那些既包蕴着丰富的社会生活内涵，又具有高度个体性的优秀形象就是典型。早在古希腊时期，柏拉图和亚里士多德就开始探讨这一问题。典型说在西方大致经历了三个主要的发展阶段：第一阶段是 17 世纪以前，以古罗马的贺拉斯、法国的布瓦洛等为代表，注重典型的普遍性和共性，强调类型概括。典型（type）一词，在希腊文中的原义是"模子"。比如布瓦洛在《诗的艺术》中说，艺术所再现的是具有鲜明性格类型的形象，如风流浪子、守财奴，或者老实、荒唐、糊涂、嫉妒等。第二阶段是 18—19 世纪，典型逐渐开始由重视共性向重视个性的转变。这一时期，法国的狄德罗、德国的莱辛等注意到环境对典型形成的重要作用，开始把典型与具体现实和个别性联系起来，形成了以强调个性为主的"个性特征说"。第三阶段从 19 世纪 80 年代末开始，主要是马克思主义典型观的发展和成熟，使典型理论发展到一个崭新的阶段，诸如恩格斯提出的现实主义要"真实地再现典型环境中的典型人物"等。马克思主义辩证法原理所提出的共性与个性、一般与特殊统一的规律，在一定程度上揭示了典型的内部联系，使得典型理论更加科学化和系统化。

　　典型形象为什么具有深刻的普遍意义呢？马克思的"人是社会关系的总和"这一观点具有较大的启示意义。丰富的社会实践塑造着一个人的性格：一方面，个人会在社会关系中体现出独特性格；另一方面，这些性格也会接受社会关系的考验与重塑。对典型形象的性格分析成为现实主义文学批评的重要传统，文学史上那些著名的典型人物之所以意味无穷，就是因为它们有着内涵丰富的性格特征。从这个意义上讲，文学批评正是通过深入的性格分析透析复杂的历史景象，透视特定历史时期的社会关系。

　　而"意境"是中国古典文论和传统美学的独特范畴。它由一系列意象组合而成，追求一种超越具体情景、事物和身心感知的、对宇宙人生更深广的体悟，所以它更多地出现在抒情性文学作品中。"意境"与"意象"这两个概念关系密切。"象"这个词出现在先秦时期，《周易·系辞》说："书不尽言，言不尽意"，要"立象以尽意"。到了魏晋南北朝时期，"象"逐渐转化为"意象"，在刘勰的《文心雕龙·神思》篇中有"独照之匠，窥意象而运斤"。"意"是诗人的主观情志，"象"是客观事物或形象。中国古典诗学不仅关注诗所传达的意象，更关注"言外之意"或"象外之象"，即我们所说的"意境"。"境生于象外",强调的更多的不是某种有限的"象",而是虚和实、有限和无限相结合的"象",正如宗白华所言："化实景而为虚境,创形象以为象征,使人类最高的心灵具体化、肉身化,这就是'艺术境界'。"而在西方古典诗学中,"意象"也是一个关键词,与想象力、感知、心象、表征等诸多概念密切相关。

"意境"这个概念来自隋唐佛学,杂糅了先秦至魏晋的老庄、玄学思想。在文论中,最早提出"意境"这个词的是唐代诗人王昌龄。他在《诗格》中说："诗有三境。一曰物境：欲为山水诗,则张泉石云峰之境……二曰情境：娱乐愁怨,皆张于意而处于身……三曰意境：亦张之于意而思之于心,则得其真矣。"后来皎然提出"缘境不尽曰情""文外之旨""取境",刘禹锡提出"境生于象外"等重要命题,此后司空图、严羽等的诗论虽然不涉及意境这个词,但意境说的基本内涵和理论构架几近确立。作为正式的诗论范畴,"意境"出现在明代。朱承爵在《存余堂诗话》中说："作诗之妙,全在意境融彻,出音声之外,乃得真味。"至晚清,王国维集前人之大成,比较完整地论述了这一美学范畴,指出其本质特征在于意与境的融合："上焉者意与境浑,其次或以境胜,或以意胜。"意境有三个主要特征：情景交融、虚实相生和超以象外。对意境的理解与分析应该从动态角度,即情与景、虚与实等的相融相生切入,不宜把它们看作是机械的叠加。关于意境的类型有多种说法,具有代表性的是两种：一是刘熙载在《艺概·诗概》中归纳的四种意境："花鸟缠绵、云雷奋发、弦泉幽咽、雪月空明。诗不出此四境";二是王国维在《人间词话》中提出的：有我之境与无我之境。

中西方文学艺术由于各自文化背景、哲学传统、思维方式、社会根源等的不同而显现出不同特点,"典型"和"意境"是中西方文论最具代表性的理论范畴,是对艺术美本质探索的结晶。

【原典选读】

凡音者,生人心者也。情动于中,故形于声；声成文,谓之音。是故治世之音安以乐,其政和；乱世之音怨以怒,其政乖；亡国之音哀以思,其民困。声音之道,与政通矣。

——礼记·乐记·乐本 [M] // 郭绍虞. 中国历代文论选：第一册.
上海：上海古籍出版社,1979：61.

研味李老,则知文质附乎性情；详览庄韩,则见华实过乎淫侈。若择源于泾渭之流,按辔于邪正之路,亦可以驭文采矣。夫铅黛所以饰容,而盼倩生于淑姿；文采所以饰言,而辩丽本于情性。故情者,文之经；辞者,理之纬：经正而后纬成,理定而后辞畅,此立文之本源也。

昔诗人什篇,为情而造文；辞人赋颂,为文而造情。何以明其然？盖风雅之兴,志思蓄愤,而吟咏情性,以讽其上,此为情而造文也；诸子之徒,心非郁陶,苟驰夸饰,鬻声钓世,此为文而造情也。故为情者要约而写真,为文者淫丽而烦滥。而后之作者,采滥忽真,远弃风雅,近师辞赋,故体情之制日疏,逐文之篇愈盛……夫以草木之微,依情待实,况乎文章,述志为本,言与志反,文岂足征！

——刘勰. 文心雕龙·情采 [M] // 范文澜. 文心雕龙注（下）. 北京：
人民文学出版社,1958：537-538.

气之动人，物之感人，故摇荡性情，形诸舞咏。照烛三才，晖丽万有，灵祇待之以致飨，幽微藉之以昭告。动天地，感鬼神，莫近于诗。

——钟嵘. 诗品序 [M] //诗品注. 陈延杰. 北京：人民文学出版社，1980：1.

是以陶钧文思，贵在虚静，疏瀹五脏，澡雪精神，积学以储宝，酌理以富才，研阅以穷照，驯致以怿辞，然后使玄解之宰，寻声律而定墨；独照之匠，窥意象而运斤：此盖驭文之首术，谋篇之大端。

——刘勰. 文心雕龙·神思 [M] //范文澜. 文心雕龙注（下）.
北京：人民文学出版社，1958：493.

是有真迹，如不可知。意象欲出，造化已奇。水流花开，清露未晞。要路愈远，幽行为迟。语不欲犯，思不欲痴。犹春于绿，明月雪时。

——司空图. 诗品·缜密 [M] //郭绍虞. 中国历代文论选：
第二册. 上海：上海古籍出版社，1979：205.

夫诗贵意象透莹，不喜事实黏着。古谓水中之月，镜中之影，可以目睹，难以实求是也……嗟乎！言征实则寡余味也，情直致而难动物也，故示以意象，使人思而咀之，感而契之，邈哉深矣。此诗之大致也。

——王廷相. 与郭价夫学士论诗书 [M] //王廷相集（二）.
北京：中华书局，1989：502-503.

如是六根种种境界，各各自求所乐境界，不乐余境界。眼常求可爱之色，不可意即生其厌。耳、鼻、舌、身、意，亦复如是。此六根种种行处，各各不求异根境界，其有力者，堪能自在随觉境界。

——道世. 法苑珠林·摄念篇 [M]. 上海：上海古籍出版社，1991：263.

诗有三境。一曰物境。欲为山水诗，则张泉石云峰之境，极丽绝秀者，神之于心，处身于境，视境于心，莹然掌中，然后用思，了然境象，故得形似。二曰情境。娱乐怨愁，皆张于意而处于身，然后驰思，深得其情。三曰意境。亦张之于意而思之于心，则得其真矣。

诗有三格。一曰生思。久用精思，未契意象，力疲智竭，放安神思，心偶照境，率然而生。二曰感思。寻味前言，吟讽古制，感而生思。三曰取思。搜求于象，心入于境，神会于物，因心而得。

——王昌龄. 诗格 [M] //郭绍虞. 中国历代文论选：
第二册. 上海：上海古籍出版社，1979：88-89.

夫诗人之思初发，取境偏高，则一首举体便高；取境偏逸，则一首举体便逸。

——皎然. 诗式 [M] //郭绍虞. 中国历代文论选：第二册.
上海：上海古籍出版社，1979：77.

戴容州云："诗家之景，如蓝田日暖，良玉生烟，可望而不可置于眉睫之前也。"象外之象，景外之景，岂容易可谭哉？

——司空图. 与极浦书 [M] //郭绍虞. 中国历代文论选：第二册，
上海：上海古籍出版社，1979：201.

夫诗有别材，非关书也；诗有别趣，非关理也。而古人未尝不读书、不穷理。所谓不涉理路、不落言筌者，上也。诗者，吟咏情性也。盛唐诗人，惟在兴趣，羚羊挂角，无迹可求。故其妙处莹彻玲珑，不可凑泊，如空中之音，相中之色，水中之月，镜中之象，言有尽而意无穷。

——严羽. 沧浪诗话·诗辨［M］//郭绍虞. 中国历代文论选：

第二册. 上海：上海古籍出版社，1979：424.

词以境界为最上。有境界则自成高格，自有名句。五代、北宋之词所以独绝者在此。

有造境，有写境，此理想与写实二派之所由分。然二者颇难分别，因大诗人所造之境必合乎自然，所写之境亦必邻于理想故也。

有有我之境，有无我之境。"泪眼问花花不语，乱红飞过秋千去。""可堪故馆闭春寒，杜鹃声里斜阳暮。"有我之境也。"采菊东篱下，悠然见南山。""寒波澹澹起，白鸟悠悠下。"无我之境也。有我之境，以我观物，故物皆着我之色彩；无我之境，以物观物，故不知何者为我，何者为物。古人为词，写有我之境者为多，然未始不能写无我之境，此在豪杰之士能自树立耳。

境非独谓景物也。喜怒哀乐，亦人心中之一境界。故能写真景物、真感情者，谓之有境界。否则谓之无境界。

"红杏枝头春意闹"，着一"闹"字而境界全出。"云破月来花弄影"，着一"弄"字而境界全出矣。

境界有小大，不以是而分优劣。"细雨鱼儿出，微风燕子斜"，何遽不若"落日照大旗，马鸣风萧萧"；"宝帘闲挂小银钩"，何遽不若"雾失楼台，月迷津渡"也。

——王国维. 人间词语［M］//郭绍虞. 中国历代文论选：

第四册. 上海：上海古籍出版社，1980：424.

……诗人是以一个人的身份向人们讲话。他是一个人，比一般人具有更敏锐的感受性，他喜欢自己的热情和意志，内在的活力使他比别人快乐得多；他高兴观察宇宙现象中的相似的热情和意志，并且习惯于在没有找到它们的地方自己去创造。除了这些特点以外，他还有一种气质，比别人更容易被不在眼前的事物所感动，仿佛它们都在他的面前似的；他有一种能力，能从自己心中唤起热情，这种热情与现实事件所激起的很不一样，但是（特别是在令人高兴和愉快的一般同情心范围内），比起别人只由于心灵活动而感到的热情，则更像现实事件所激起的热情。他由于经常这样实践，就获得一种感情，它们的发生并非由于直接的外在刺激，而是出于他的选择，或者是他的心灵的构造。

……

我曾经说过，诗是强烈情感的自然流露。它起源于在平静中回忆起来的情感。诗人沉思这种情感直到一种反应使平静逐渐消逝，就有一种与诗人所沉思的情感相似的情感逐渐发生，确实存在于诗人的心中。一篇成功的诗作一般都从这种情形开始，而且在相似的情形下向前展开；然而不管是怎样一种情绪，不管这种情绪达到什么程度，它既然从各种原因产生，总带有各种的愉快；所以我们不管描写什么情绪，只要我们自愿地描写，我们的心灵总是在一种享受的状态中。如果大自然特别使从事这种工作的人获得享受，那么诗人就应该吸取这种教训，就应该特别注意，不管把什么热情传达给读者，只要读者的头脑是健全的，这些热情就应当带有一种愉快……

——渥兹华斯. 《抒情歌谣集》序言［M］//曹葆华，译.

古典文艺理论译丛：第一册. 北京：人民文学出版社，1961：10 - 17.

或则遵循传统，或则独创；但所创造的东西要自相一致。譬如说你是一个作家，你想在舞台上再现阿喀琉斯受尊崇的故事，你必须把他写得急躁、暴戾、无情、尖刻，写他拒绝受法律的约束，写他处处要诉诸武力。写美狄亚要写得凶狠、剽悍；写伊诺要写她哭哭啼啼；写伊克西翁要写他不守信义；写伊俄要写她流浪；写俄瑞斯忒斯要写他悲哀。假如你把新的题材搬上舞台，假如你敢于创造新的人物，那么必须注意从头到尾要一致，不可自相矛盾。

——贺拉斯. 诗艺［M］//诗学 诗艺. 杨周翰，译.

北京：人民文学出版社，1962：143 - 144.

类型概念使我们漠然无动于衷，理想把我们提高到超越我们自己；但是我们还不满足于此；我们要求回到个别的东西进行完满的欣赏，同时不抛弃有意蕴的或是崇高的东西。这个谜语只有美才能解答。美使科学的东西具有生命和热力，使有意蕴的和崇高的东西受到缓和。因此，一件美的艺术作品走完了一个圈子，又成为一种个别的东西，这才能成为我们自己的东西。

——歌德. 收藏家和他的伙伴们：第5封信［M］//朱光潜.

西方美学史：下卷. 北京：人民文学出版社，1964：72.

第三节　文学作品的形式要素

文学作品的形式是文学作品内容诸要素的组织结构、表现手段和具体的外部形态，是文学内容的存在方式，主要有语言、结构、体裁等要素。语言是文学区别于其他艺术的根本特征；结构是文学语言的组成方式及其系统；体裁是在各民族的文学史中沉积下来的、相对稳定的结构方式。

一、语言

"文学的第一要素是语言"，它直接构成了文学作品的物质表象，但它不仅仅是文学构成的媒介和存在方式，也是人的存在家园。

文学作品作为作家审美意识的物化形态，必须通过文学语言来加以呈现。文学语方言既是文学表现内容的手段，又是联结文学形式各因素、构成文学存在形式的要素。在文学实践和文本生成的过程中，文学语言的功能不只是表达意义，传递内容，而且诉诸感性审美层面，从而更好地表现与情感相统一的内容。

无论是中国传统的文学实践，还是西方语境中的文学实践，对文学语言的理解都有着极大的共通性。这与文学作为人类审美把握外部世界、表达主体情感和创造特殊文本的特性密切相关。

随着人类社会的不断演进，语言根据使用功能、目的、场合而发生分化。一般来说，语言具有三种基本形态：日常语言、科学语言和文学语言。日常语言突出实用目的，基本功能是传情达意；科学语言具有强烈的工具性特征，基本功能是理性的、逻辑的认识；文学语言则以审美功能为主要特征，通过声音、结构和审美特质凸显自身存在。

文学语言具有形象性、情感性、暗示性、音乐性等特征，但其审美特征最终体现为"话语蕴藉"。"蕴藉"一词，来自中国古典诗学，"蕴"的原意是积累，引申为含义深奥；"藉"的原意是草垫，引申为含蓄。文学语言的蕴藉美体现在"意在言外"、含蓄、朦胧甚至含混的审美效果上。从词语、句子、音调、风格、意境等各个层面共同形成了这一特征，使文学文本包含了意义生成的无限可能性，在有限的话语中蕴含无限的意味，营造出一个特殊的情感艺术世界。

文学语言的组织有三个层面：语音层面，包括节奏和音律；文法层面，包括词法、句法和篇法；修辞层面，包括比喻与借代、对偶与反复、倒装与反讽等。

在 20 世纪初，西方哲学界出现了语言学转向，即通过研究文学、日常用语、逻辑等语言现象和表述方式，挖掘人类更深层的思维与文本表达之间的关系，其中一个主要倾向是从注重思维向注重表达（及其表达方式）转变。比如在俄国形式主义者看来，文学语言最重要的特征在于它并不为陈述某一具体的事件或抽象的理论服务，即不指向语言之外；相反，它指向语言本身。

二、结构

从词义上讲，"结构"指事物各部分关联组合的方式。在文学理论中，文本结构通常指文本内部的组织架构、部分或要素之间的关联方式。文学文本的结构是一个完整的有机体，包括文本的外结构和内结构。所谓外结构，指文本所呈现的在直观上可以把握的形态特征；所谓内结构，指文本内部各部分或各要素之间的复杂关系，它隐含在文本的肌理中，具有决定文本整体性和主导风格的功能。

结构在文学作品中的表现是多方面的，包括字词的搭配、语段的组织、人物关系的处理、意象的组织等。在诗歌中，较为明显的是各种韵、格律都有严格的音节或字数限制，在朗读时能够产生音乐上的形式美感。

韵和顿的使用可以帮助形成诗歌的节奏和音律感。在"韵"方面，"诗与韵本无必要关系。日本诗到现在还无所谓韵。古希腊诗全不用韵"。但是，"就一般诗来说，韵的最大功用在于把涣散的声音联络贯串起来，成为一个完整的曲调。它好比贯珠的串子，在中国诗里这串子尤不可少"①。所谓"顿"即在读完相对完整的意义段时，有一个停顿，在句子意思完全完成之后，才是停止。停顿一般都依赖自然语言的停顿，由此形成的节奏也就是自然语言的节奏。由于西方的语言是注重音声的，其发音的长短轻重较容易区分，于是显出较为明显的节奏。此外，文章整体的格局安排也非常重要。以什么为纲、为主线，都表达了不同的文学观念。例如，在叙事类文学中，时间是一

---

① 朱光潜. 朱光潜美学文学论文选集 [M]. 长沙：湖南人民出版社，1980：230，233.

个常用的主要线索；而在刘勰看来，"事义"则是更重要的线索；当然，从语言、格律等方面来考察文章的结构，也是较为常见的。然而现代西方文学理论，尤其是结构主义则认为在文学的叙事中，掩藏着更深层的结构，这个结构来自人类的深层心理结构或者社会结构。在早期结构主义者那里，习惯于把这种文学叙述上的结构还原成人类心理上的固定结构，或者还原成人类始终面临并回答的问题（如生与死的关系）。这个时期的理论较为单纯，主要从叙述的功能来简化和考察文学作品。但随着理论研究的深入，一些学者开始发现这个结构有可能是变动的，如罗兰·巴特就发展了索绪尔在语言学上的能指与所指理论，提出了所谓的元语言（métalangage）。元语言是一种语言（如法文或者交通信号系统）的整体使用情况，它建立在对具体的言语使用（能指与所指结合成指称关系）之上。它不是一成不变的，它会受到变动着的社会意识形态的影响。[①]

总之，结构的功能不仅体现在具体的文学文本中，也呈现在文学史的发展过程中，它具有动态性。一方面，文本结构不是文本结构各要素的简单叠加，而是它们之间的互动与整合；另一方面，从文学史的角度看，这些诸要素之间存在着持续的较量，在某一时期某要素会占据主导地位。

三、体裁

从词源上讲，"体裁（genre）"这个概念源自拉丁文 genus，本义为表示生物分类体系中"属"的概念，一般的意义是"种类"或"类型"。在文学史上，它又可以被称作"文类"，是一个古老的批评概念。

在中西方的文学理论中，有着大量关于文类的文献资料。早在先秦时代，"文类"的思想就已经萌芽了，"诗三百"中的风、雅、颂就是对文类的区分。对文体的划分最早出现在魏晋时期，曹丕的《典论·论文》将文划分为四类八体，并指出它们"本同而末异"。其后的文体日趋纷杂，划分也没有定论，萧统《文选》将文类分为 39 类，刘勰《文心雕龙》分为 34 类，不过也有一类依据儒家《五经》（即《易》《书》《诗》《礼》《春秋》）来进行划分的。再后来，明代吴纳的《文章辨体》、徐师曾的《文体明辨》等对这一问题做过总结。应该说，中国的文体划分在产生之时就不是现代意义上的，带有实用性。与西方不同的是，这些实用文体在其发展过程中并没有完全从文学中脱离开去，而是与诗词曲赋等一起成为文学体裁的组成部分。

在西方，柏拉图和亚里士多德等就提出过文类概念。在《诗学》中，亚里士多德以模仿的媒介、对象和方式三个方面来区分不同的文类。在专论戏剧的部分，他按不同的模仿方式指出叙述与戏剧的不同。黑格尔从辩证的角度给出了文体划分之三分法的哲学基础，在客观、主观、主客观相结合的思辨视角下，叙事、抒情和戏剧也分别被赋予了辩证发展的关系。19 世纪的俄国文学理论家别林斯基在黑格尔理论的基础上做了更详尽的发挥。但在 20 世纪以后，文论界出现了对这种划分方法的质疑，如瑞士的施塔格尔就提出不要把具体的文学体裁，如诗歌与抒情类文学固定地联系在一起，而是把抒情、叙事、戏剧看成一种观念，这些观念之间是可以交叉使用的，如抒情式戏剧。

① 罗兰·巴特. 符号学原理［M］. 王东亮，等，译. 北京：生活·读书·新知三联书店，1999：83-88.

总之，文类是一个历史范畴和文化范畴。不同的时代有不同的文类及其划分标准；不同的文化也因其独特的传统而有不同的文类及其区分标准。同时，文学史上还存在着具有持久性和普遍性的文类，比如戏剧和诗歌。

每一种文学体裁都经历了从产生、发展到成熟的过程，这是文学文本的具体存在形式，是塑造形象、表达情感、结构布局、语言运用等方面呈现出来的具有稳定性的审美形式规范。文学史上对体裁的划分标准不一，主要有二分法：把文体分为韵文和散文；三分法：把文学作品分为叙事类、抒情类和戏剧类；四分法：把文学作品分为诗歌、小说、散文和剧本。这些分类方法在使用的时候也不是截然分开的，它们之间互有交叉，如抒情诗歌、叙事诗，议论散文、叙事散文等。

【原典选读】

夫设情有宅，置言有位；宅情曰章，位言曰句。故章者，明也；句者，局也。局言者，联字以分疆；明情者，总义以包体：区畛相异，而衢路交通矣。夫人之立言，因字而生句，积句而成章，积章而成篇……夫裁文匠笔，篇有小大；离章合句，调有缓急；随变适会，莫见定准。句司数字，待相接以为用；章总一义，须意穷而成体……是以搜句忌于颠倒，裁章贵于顺序，斯固情趣之指归，文笔之同致也。

——刘勰．文心雕龙·章句［M］∥范文澜．文心雕龙注（下）．
北京：人民文学出版社，1958：570-571.

作曲，犹造宫室者然。工师之作室也，必先定规式，自前门而厅、而堂、而楼，或三进、或五进、或七进，又自两厢而及轩寮……作曲者，亦必先分段数，以何意起，何意接，何意作中段敷衍，何意作后段收煞，整整在目，而后可施结撰。此法，从古之为文、为辞赋、为歌诗者皆然。

——王骥德．曲律·论章法［M］∥中国古典戏曲论著集成（四）．
北京：中国戏剧出版社，1959：123.

至于结构二字，则在引商刻羽之先，拈韵抽毫之始，如造物之赋形，当其精血初凝，胞胎未就，先为制定全形，使点血而具五官百骸之势。倘先无成局，而由顶及踵，逐段滋生，则人之一身，当有无数断续之痕，而血气为之中阻矣。工师之建宅亦然，基址初平，间架未立，先筹何处建厅，何方开户，栋需何木，梁用何材，必俟成局了然，始可挥斤运斧。倘造成一架，而后再筹一架，则便于前者不便于后，势必改而就之，未成先毁，犹之筑舍道旁，兼数宅之匠资，不足供一厅一堂之用矣。故作传奇者，不宜卒急拈毫。袖手于前，始能疾书于后。有奇事，方有奇文。未有命题不佳，而能出其锦心，扬为绣口者也。尝读时髦所撰，惜其惨淡经营，用心良苦，而不得被管弦、副优孟者，非审音协律之难，而结构全部规模之未善也。

——李渔．闲情偶寄·结构第一［M］∥郭绍虞．中国历代文论选：第三册．
上海：上海古籍出版社，1980：270.

夫文本同而末异，盖奏议宜雅，书论宜理，铭诔尚实，诗赋欲丽。

——曹丕．典论·论文［M］∥郭绍虞．中国历代文论选：第一册．
上海：上海古籍出版社，1979：158.

诗缘情而绮靡，赋体物而浏亮，碑披文以相质，诔缠绵而凄怆，铭博约而温润，箴顿挫而清壮，颂优游以彬蔚，论精微而朗畅，奏平彻以闲雅，说炜晔而谲诳。

——陆机 . 文赋［M］//郭绍虞 . 中国历代文论选：第一册 .
上海：上海古籍出版社，1979：158.

章表奏议，则准的乎典雅；赋颂歌诗，则羽仪乎清丽；符檄书移，则楷式于明断；史论序注，则师范于核要；箴铭碑诔，则体制于宏深；连珠七辞，则从事于巧艳。此循体而成势，随变而立功者也。

——刘勰 . 文心雕龙・定势［M］//范文澜 . 文心雕龙注（下）.
北京：人民文学出版社，1958：530.

故论说辞序，则《易》统其首；诏策章奏，则《书》发其源；赋颂歌赞，则《诗》立其本；铭诔箴祝，则《礼》总其端；纪传铭檄，则《春秋》为根。

……故文能宗经，体有六义：一则情深而不诡，二则风清而不杂，三则事信而不诞，四则义直而不回，五则体约而不芜，六则文丽而不淫。

——刘勰 . 文心雕龙・宗经［M］//范文澜 . 文心雕龙注（上）.
北京：人民文学出版社，1958：22 - 23.

夫文章者，原出《五经》：诏命策檄，生于《书》者也；序述论议，生于《易》者也；歌咏赋颂，生于《诗》者也；祭祀哀诔，生于《礼》者也；书奏箴铭，生于《春秋》者也。朝廷宪章，军旅誓诰，敷显仁义，发明功德，牧民建国，施用多途。

——颜之推 . 颜氏家训・文章篇［M］//郭绍虞 . 中国历代文论选：第一册 .
上海：上海古籍出版社，1979：350.

文有二道：辞令褒贬，本乎著述者也；导扬讽谕，本乎比兴者也。著述者流，盖出于《书》之《谟》《训》，《易》之《象》《系》，《春秋》之笔削，其要在于高壮广厚，词正而理备，谓宜藏于简册也。比兴者流，盖出于《虞》《夏》之咏歌，殷、周之《风》《雅》，其要在于丽则清越，言畅而意美，谓宜流于谣诵也。

——柳宗元 . 杨评事文集后序［M］//郭绍虞 . 中国历代文论选：第二册 .
上海：上海古籍出版社，1979：148.

这些艺术的第三点差别是摹仿上述各种对象时所采的方式不同。人们可用同一种媒介的不同表现形式摹仿同一对象：既可凭叙述——或进入角色，此乃荷马的做法，或以本人的口吻讲述，不改变身份——也可通过扮演，表现行动和活动中的每一个人物。

正如开篇时说过的，摹仿的区别体现在三个方面，即它的媒介、对象和方式。所以，从某个角度来看，索福克勒斯是与荷马同类的摹仿艺术家，因为他们都摹仿高贵者；而从另一个角度来看，他又和阿里斯托芬相似，因为二者都摹仿行动中的和正在做着某件事情的人们。

有人说，此类作品之所以被叫作"戏剧"是因为它们摹仿行动中的人物。

——亚里士多德 . 诗学［M］. 陈中梅，译 . 北京：商务印书馆，1996：42.

复习思考题

1. 如何理解文学作品是作家审美体验的对象化、物态化和符号化的形式？

2. 文学研究中的"内部研究"与"外部研究"有哪些区别？

3. 文学作品的存在方式涉及哪些重要因素？

4. 如何理解文学作品"内容"与"形式"的内涵？

5. 如何理解孔子所说的"文"与"质"的关系？

6. 如何理解中国古代文论中所说的"言""象""意"的内涵与关系？

7. 文学作品内容的构成要素有哪些？

8. 为什么说"意境"和"典型"是中、西方文论最具代表性的理论范畴？

9. 文学作品形式的构成要素有哪些？

10. 中国和西方传统的文学体裁分类有哪些异同？

第三章
文学创作论

概｜述

传统文学理论认为，文学创作是文学活动中最重要的环节，决定着文学作品的基本面貌，文学作品的内容和形式，尽管受到社会生活和文学传统的深刻影响，但最终都是文学创作的直接结果；同时，文学创作也是文学活动中最能体现主体性的环节，从构思到写作，都是创作主体的精神劳动。在西方文学理论中，再现论传统源远流长，主张文学艺术应该逼真地再现现实世界，但是，从古希腊的模仿论到文艺复兴时期达·芬奇的"镜子说"，再到19世纪的现实主义和自然主义，以至马克思主义的意识形态反映论，这个传统并未忽视艺术家在艺术再现过程中的主体作用。同样源于古希腊的表现论传统，更是把文学创作看作是对作家主体精神世界的表达。中国古典文论对文学创作主体性的强调更为突出，"言志说""缘情说""物感说""养气说""载道说""童心说""性灵说"等，尽管具体针对性各有不同，但都一致肯定了作家主体性在文学创作中的主导作用。以作者为中心的理论体系之所以在中、西文学传统中都长期占据主流地位，一个很重要的原因就在于对文学创作的主体性的高度重视。

20世纪以来，上述关于文学创作的两个基本认识都遭到了质疑和挑战。一方面，文学的阅读和接受环节受到空前的重视，读者通过文学阅读过程不仅参与了文学意义的生产，而且读者的审美需求和阅读习惯也可能直接影响到作家的创作。文学的创作与阅读是相辅相成的，文学创作的成品是文学阅读的对象，同时，任何文学创作都以一定的文学阅读作为基础和前提，任何文学创作也都有对假想读者的预设。因此，文学创作不再是由作家及其创作过程单方面决定的，读者和文学接受同样参与了创作过程。现象学美学、阐释学、接受美学、读者反应批评等理论都有这方面的相关论述。另一方面，在后结构主义的冲击下，主体性哲学摇摇欲坠，主体不再是一个固有的、稳定的存在，而是被各种社会因素建构起来的，并始终处于不断被重构的状态。按照这个逻辑，对于文学创作的主体性，也有必要进行重新认识。既然作者的主体是被建构的，主体本身就具有被动性，那么，文学创作的真正主宰者就不是实际的作者，而是建构作者主体性的种种社会文化力量。罗兰·巴特的"作者之死"，其实就是说，作者不是作品意义的最终来源和真正控制者，传统文学理论赋予作者的权威是不恰当的，后结构主义的质疑已经使之坍塌。当代的身份批评虽然也重视对作家主体的研究，但对于文学创作主体性的认识，已经与传统的作者中心论有很大不同。

从古至今，人们对于文学创作的认识有变化，有分歧，发展出各种理论观点。但所有这些理论，都离不开对以下几个基本问题的探讨：一是文学创作的性质；二是影响文学创作的因素；三是文学创作的具体过程和基本规律。

第一节　文学创作的双重属性

文学创作作为一种特殊的精神文化生产，具有双重属性：一方面，它具有一般文化生产的性质，是在特定的社会物质条件和社会文化环境中进行的；另一方面，它又是一种独特的艺术创造活动，是经由作家个体的艺术实践而得以实现的。

一、作为文化生产的文学创作

文化生产是人类社会实践的重要领域，一般文化生产的性质，使文学创作具有鲜明的社会性。从历时性的角度看，首先，文化生产是人类社会发展到一定阶段的产物：只有在满足了基本的物质生存的条件下，人类才有余裕从事文化生产活动，这是文学创作得以存在的社会前提；只有在社会分工出现以后，才会产生专门的文化生产部门和文化生产者，这是文学创作得以专门化的社会前提。其次，不同社会发展阶段所能提供的不同物质技术条件，也对文学创作产生着重要影响。例如，在各民族的文学发展中，韵文优先于散文是一种普遍现象。这正是因为，在造纸术发明和广泛使用之前，用于记录文字的材料要么昂贵，要么不便，口耳相传是当时重要的传播方式，因而朗朗上口、便于记忆的韵文成为文学创作的首选。随着造纸术和印刷术的日益成熟，篇幅较长的散体文创作才渐渐发达起来。长篇小说在文学史上相对其他文学体裁要出现得晚，社会物质技术条件的限制是一个重要原因。同样，小说创作在现代时期的繁荣，也在很大程度上得益于机器印刷、商业出版和教育普及等社会物质文化条件的提升。最后，不同社会发展阶段对文化生产的组织方式，也影响着文学创作的性质和方式。20世纪以来，随着商品生产的逻辑从物质生产领域不断向各种文化生产领域扩张，人们提出了"文化产业"的概念，出版机构在对文学作品的艺术水准、思想道德水准进行把关之外，还增加了商业运作的功能，文学作品也同时具有了文化商品的属性，这既从宏观上对作者的自我定位和文学观念发挥影响，也在题材的取舍、风格的形成、文体的选择等方面对文学创作产生具体影响。

从共时性的角度看，首先，任何语种、民族和地区的文学创作，都与其所处社会区域的物质文化生活具有不可分割的联系。因而文学创作像任何文化生产一样，不可避免地具有民族性、地方性，这也使得世界范围内的文学创作在艺术形式、题材内容等方面呈现出千姿百态的面貌。例如，中国古典诗歌的整齐对仗，西方十四行诗交替回环的用韵，即是分别建立在汉语和拼音文字的不同语言特征的基础之上。其次，不同文化生产部门之间的相互影响，也把诸多社会性因素带入文学创作。文学创作中的宗教影响，不仅体现于文学创作对宗教题材的选择，对社会生活中的宗教内容的具体反映，更体现为宗教思想对创作主体世界观、伦理观、人生态度、情感体验、审美心理的多方面影响。科技的发展，不仅催生了科幻小说这一新的文学体裁，而为文学创作提供层出不穷的新鲜题材，也为文学创作在艺术形式上的探索开拓了新的空间，比如，复杂的叙事技巧的发展与传播技术的现代化不无关系；当下网络传播的超链接技术和集文字、声音、动态图像于一体的多媒体技术，也正在给文学创作带来前所未有的可能性。

总之，文学创作作为文化生产，其生产过程和生产方式具有社会性，在精神内容、意识层面上具有社会性，在艺术形式、审美风格上也具有社会性；而人类社会物质生产的发展程度与组织方式也经由这些社会性因素间接地影响于文学创作。

二、作为艺术创造的文学创作

然而，文学创作又不仅仅是一般的文化生产，它还是一种艺术创造活动，具有个性化和超越性的特征。文学创作是一种个体精神劳动，是个人艺术天赋、文学修养、生活阅历、思想境界的凝结；而前面谈到的文学创作的社会性，也是经过作家的个体实践才得以呈现出来的。进入文学创作的社会生活，是作家所感知的社会生活，打上了作家个人的心灵烙印；最终呈现在文学作品中的社会生活，以一种独特的语言形态和叙事结构而存在，体现了作家创造艺术形式的才能和风格。同一种社会生活内容，经过不同作家的体验和创作，最终在作品中可能呈现出非常不同的面貌。古今中外的文学史上都不乏这样的例子。1923年夏，朱自清和俞平伯同游秦淮河，事后同以"桨声灯影里的秦淮河"为题各写就一篇散文，对游历的记载各有侧重，由景物人情引发的思绪也颇为不同，文笔风格意境更是各异其趣。这个例子充分说明了文学创作的个性化特征。

艺术创造活动的心理动力来源于内在的审美需求，它对于现实的物质条件和社会文化环境具有一定的超越性。主要体现在这样三个方面：对现实生存的功利性的超越，对具体模特和范本的超越，对某些落后于时代的社会道德秩序的超越。从第一个方面来讲，人类的需求是多层次的，在基本需求的层次上，人们以功利性的眼光审视自身与世界的关系，以功利性为目的进行社会实践活动，人类的现实存在是不自由的；在更高的需求层次上，人类还要追求精神自由、心灵愉悦，艺术创造活动正是满足后一种需求的主要途径。因此，艺术创造活动不会受限于现实功利逻辑。一双被扔掉的破旧农鞋在现实生活中毫无价值，人们也不会留意它的形状和质地，但经过梵·高的艺术创造，它成为审美对象，人们从它破损泥污的形象中感知到多种信息，引发种种体验感悟，这双进入画布的农鞋也因此被创造出新的价值。文学创作也是如此，现实生活中一些令人厌恶或恐惧的人物、场景，在艺术作品中却给人们带来深刻的情感震撼和心灵体验，对读者产生巨大的吸引力，甚至成为经典的艺术形象。从第二个方面来讲，生活是艺术的范本，但艺术不会按生活的原样原封不动地进行临摹，而是按照审美原则进行创造性加工，被创造出来的艺术形象，往往凝聚着艺术家的理想。例如，人体雕塑创造出来的是理想的人体形象，在身体比例上比现实中的模特更符合标准。亚里士多德在评价古希腊戏剧家时曾这样说："正像索福克勒斯所说，他按照人应当有的样子来描写，欧里庇得斯则按照人本来的样子来描写"[①]，他更推崇索福克勒斯的创作，"应该有的样子"正是体现了艺术创作对现实的超越。为了超越现实的局限，艺术家不仅对模特或素材加以改造，还往往根据多个模特进行取材，"杂取种种人，合成一个"，鲁迅在谈自己的小说创作时就指出，"所写的事迹，大抵有一点见过或听到过的缘由，但决不全用这事实，只是采取一端，加以改造，或生发开去，到足以几乎完全发表我的意思为止。人物的模特儿也一样，没有专用过一个人，往往嘴在浙江，脸在北京，衣服在山西，是一个拼凑起来的角色"[②]。从第三个方面讲，社会的价值观念和道德秩序是在社会生产关系和生存状态的基础上形成的，但它一旦形成，就拥有相对的独立性和稳定性，当后者发生急剧变化时，价值观念和道德秩序跟不上变化，就体现出一定的滞后性。在文学史上，我们常常发现这样的现象，在社会变化比较剧烈的时候，文学对现实的批判尤为突出，在当时被斥为伤风败俗，被列为禁书的一些作品，在新的时代则被誉为启蒙的先驱。这种评价上的变化，其实正好体现出这些作品在思想精神领域的敏锐性和先锋性，正好体现了文艺创作对于那些落后于时代的价值观、伦理观的超越。

在具体的创作实践中，文学作为艺术创造活动而具有的个性化、超越性，与文学作为文化生产活动而具有的社会性，是并存的，是对立统一的，这样的双重属性为文学创作带来了极大的张力。

三、文学创作的主体

既然文学创作具有艺术创造与文化生产的双重属性，那么，创作主体就不只是作为个体而存在的作者，还包括文化生产体制和文化生产机构。前者是通常意义上的作者，即狭义的作者，他们是文学作品的直接写作者；后者是广义的作者，包括组织、策划、出版等生产环节，它们也或直接或间接地参与了文学创作过程，并对文学作品的最终形态产生影响。在传统的文学创作论中，对作者的关注主要集中于狭义作者，而把生产传播环节笼统地理解为影响文学创作的社会文化因素，没有充分认识到它们也是创作主体，并对创作过程有直接的介入。20 世纪以来，西方哲学对主体性问题的思考有所深入，文学理论对创作主体的认识也有明显的扩展。

文化生产的体制和机构，其主体性体现在这样一些方面。

（1）通过文学创作的选题策划和编辑修改等环节，与狭义作者形成直接的合作互动关系，从而介入具体的文学创作过程。

（2）文化生产机制对一定时期文学标准和创作方式的形成有相当程度的参与，在宏观上影响文学创作，如从个人兴趣出发的业余创作与在现代文化生产机制下的职业化创作相比较，作家对题材、风格、体裁的选择，作家所表达的思想倾向、价值观念，

---

① 亚里士多德.诗学［M］//诗学 诗艺.罗念生，译.北京：人民文学出版社，1962：94.
② 鲁迅.南腔北调集・我怎么做起小说来［M］//鲁迅全集：第 4 卷.北京：人民文学出版社，1981：509.

以及作家的创作方式和进度，都会有所不同。

（3）文化生产机制也参与对作家身份的认定，对作家成就的评价，从而把自身对文学创作的要求投射在作家的自我要求和创作过程之中。

（4）文化生产机制还参与对文学作品的推广传播，这不仅直接介入了对文学之意义系统的创造，也使作家在文学创作中必然纳入对传播方式、传播对象的考虑。例如，随着现代文化市场的形成，文化生产机制从传统的作者主导型转变为市场主导型，文学作品的传播范围也大大扩展，从而使影响创作过程的因素更为复杂，使创作主体的构成更为复杂。

总体而言，作为狭义作者的创作者个体与作为广义作者的文化生产机制，都是文学创作的主体，二者之间既存在一定的对抗性，又形成相互依赖、相互妥协的关系。因而创作主体既是个体性的，又是社会性的。

【原典选读】

凡音之起，由人心生也。人心之动，物使之然也。感于物而动，故形于声。声相应，故生变。变成方，谓之音。比音而乐之，及干戚、羽旄，谓之乐。乐者，音之所由生也，其本在人心之感于物也。……凡音者，生人心者也。情动于中，故形于声。声成文，谓之音。

——《礼记·乐记》，阮元刻《十三经注疏》本《礼记正义》卷三十七

若夫真正之大诗人，则又以人类之感情为其一己之感情。彼其势力充实，不可以已，遂不以发表自己之感情为满足，更进而欲发表人类全体之感情。彼之著作，实为人类全体之喉舌，而读者于此得闻其悲欢啼笑之声，遂觉自己之势力亦为之发扬而不能自己。

——王国维. 人间嗜好之研究［M］//姚淦铭，王燕. 王国维文集：第三卷.

北京：中国文史出版社，1997：30.

诗人的职责不在于描述已发生的事，而在于描述可能发生的事，即按照可然律或必然律可能发生的事。历史学家与诗人的差别不在于一用散文，一用"韵文"；希罗多德的著作可以改写为"韵文"，但仍是一种历史，有没有韵律都是一样；两者的差别在于一叙述已发生的事，一描述可能发生的事。因此，写诗这种活动比写历史更富于哲学意味，更被严肃地对待；因为诗所描绘的事带有普遍性，历史则叙述个别的事。

——亚里士多德. 诗学［M］//诗学 诗艺. 罗念生，译.

北京：人民文学出版社，1962：28-29.

在这全部五种崇高的条件之中，最重要的是第一种，一种高尚的心胸。……我曾经在别处这样讲过，崇高就是"伟大心灵的回声"。因此，一个毫无装饰、简单朴素的崇高思想，即使没有明说出来，也每每会单凭它那崇高的力量而使人叹服……首先解决这种伟大构思的来源问题是绝对必要的，答案也就是：真正的思辨只有胸襟不卑鄙的人才有。因为把整个生活浪费在琐屑的、狭窄的思想和习惯中的人是绝不能产生什么值得人类永久尊敬的作品的。思想深沉的人，言语就会阔通；卓越的语言，自然属于卓越的心灵。

——朗加纳斯. 论崇高［M］//

文艺理论译丛（2）. 钱学熙，译. 北京：人民文学出版社，1958.

　　一般来说，一个民族愈是文明，愈是彬彬有礼，他们的风尚就愈少诗意；一切在温和化的过程中失去了力量。自然在什么时候为艺术提供范本呢？是在这样一些时候：当孩子们在临死的父亲的榻侧撕发哀号；当母亲敞开胸怀，用喂养过他的乳头向儿子哀告；当一个朋友截下自己的头发，把它抛散在朋友的尸体上面，把它扛到火葬场去焚化，然后搜集骨灰装进瓦罐，每逢某些日子用自己的眼泪去浇奠；当女人死了丈夫，披头散发用指甲抓破自己的脸皮；当人民的领袖在群众遭遇到灾难时伏地叩首痛苦地解开衣襟以手捶胸；当父亲抱着他的初生的儿子，高高地举向上天，指着婴孩起誓，向神祇祈祷；当儿子在长时期离开母亲以后又重新聚首时，他的第一个动作就是抱住她的膝盖，匍匐地上，等候祝福；当人们把饮宴看作祭献，在开筵以前或席终以后以杯注满酒浆奠享土地；当人民可以和领袖交谈，领袖倾听并回答他们的问题；当人们看到一个人缠布条跪在祭坛前，一个女巫把双手在他头上伸开，向天起誓，举行着赎罪和受洗的仪式；当那些被魔鬼附体、受着魔鬼折磨的女预言者口吐白沫，目光迷乱，坐在三足凳上，呼号着预言性的咒语，从魔窟的阴森森的底里发出悲鸣；当神祇渴欲一饮人类的血，必待这血流畅了才安定下来；当淫乱的女巫手持魔杖在森林里徜徉，引起了在路上所遇到的异教徒的恐怖；当别的一些淫妇毫不害羞地剥光了衣服，看到随便哪个男人走来，就伸开两臂把他抱住，满足淫欲；等等。

　　我不说这些是善良的风尚，可是我认为这是富有诗意的。

　　诗人需要的是什么？是未经雕琢的自然，还是加过工的自然？是平静的自然，还是动荡的自然？他喜欢晴明宁静的白昼的美呢，还是狂风阵阵呼啸，远方传来低沉而连续的雷声，电光闪亮了头顶的天空的黑夜的恐怖？他喜欢水平如镜的海景，还是汹涌的波涛？他喜欢面对一座冷落无声的宫殿，还是在废墟中作一回散步？一幢人工建筑的大厦和一块人手栽种的园地，还是一座神秘的古森林和一座在没有生物的岩石间的无名洞穴？一弯流水，几片池塘和数股清泉，还是一挂在下泄时通过岩石折成数段，发出直达远处的咆哮，使正在山上放牧的童子闻而惊骇的奔腾澎湃的瀑布？

　　诗需要一些壮大的、野蛮的、粗犷的气魄。

——狄德罗．论戏剧艺术：第 18 节 [M] //文艺理论译丛（1）.
陆达成，徐继曾，译．北京：人民文学出版社，1958.

　　动物只是按照它所属的那个种的尺度和需要来建造，而人却懂得按照任何一个种的尺度来进行生产，并且懂得怎样处处都把内在的尺度运用到对象上去；因此，人也按照美的规律来建造。

——马克思．1844 年经济学—哲学手稿 [M] //
马克思恩格斯全集：第 42 卷．北京：人民出版社，2008：97.

　　所以社会的人的感觉不同于非社会的人的感觉。只是由于人的本质的客观地展开的丰富性，主体的、人的感性的丰富性，如有音乐感的耳朵、能感受形式美的眼睛，总之，那些能成为人的享受的感觉，即确证自己是人的本质力量的感觉，才一部分发展起来，一部分产生出来。因为，不仅五官感觉，而且所谓精神感觉、实践感觉（意志、爱等等），一句话，人的感觉、感觉的人性，都只是由于它的对象的存在，由于人化的自然界，才产生出来的。……因此，一方面为了使人的感觉成为人的，另一方面为了创造同人的本质和自然界的本质的全部丰富性相适应的人的感觉，无论从理论方面还是从实践方面来说，人的本质的对象化都是必要的。

——马克思.1844 年经济学—哲学手稿 [M] //

马克思恩格斯全集：第 42 卷.北京：人民出版社，2008：126.

一个作家或者学者假使只属于他的专业的那个行会，他就慢慢会养成从他那行会的观点来观察生活的习惯；可是从行会观点来观察世界，不管这种观点属于哪个行会——高级的还是低级的，庸俗的还是理想的，对于思想总是有害的。一个诗人从艺术方面来观察人物，他的片面性，还有，说老实话，他的平庸，也不下于一个鞋匠从制靴作鞋方面来观察人们一样。因此，一个文学家假使不仅作为一个文学家来观察生活，同样也作为一个被日常生活安排在其中的、处于复杂多变的情势中的人物来观察生活，那对他来说，就是最大的幸福了——到这时候，他就容易脱离片面性，而理解生活的全部真实。

——车尔尼雪夫斯基.莱辛，他的时代，他的一生与活动 [M] //车尔尼雪夫斯

基论文学：中卷.辛未艾，译.上海：上海译文出版社，1979：413 - 414.

文学生产的客观性与特定的意识形态的国家机器中特定的社会实践不可分割。更准确地说，我们将看到，它也与特定的语言实践不可分割（有"法语"文学，这是因为有一种"法语"的语言实践，即是说，一个矛盾的整体构成了一种民族语言），这种语言实践本身又与一种学术或教育实践不可分割，这种实践既决定着文学消费的条件，也决定着文学生产的条件。通过把文学的客观存在与这个实践整体联系起来，我们就可以确定物质的锚点，这些锚点使文学成为一种历史的和社会的现实。

——弗朗西斯·马尔赫恩.当代马克思主义文学批评 [M].

刘象愚，等，译.北京：北京大学出版社，2002：44.

阿多诺觉得，当前大众文化中各种原型，即正在延续的各种主要特征，早在"中产阶级社会"的发展中就已经确立，即在两个世纪之前。也就是在 17 世纪末与 18 世纪初期的英国。当时在诸如笛福和理查逊等小说家的作品中，文学作品的生产已经面向市场。到 20 世纪，文化工业的商业化生产已经成为如此高效的一体化，以至它控制了所有的艺术表现媒体，而且成为一个体系。甚至在流行形式似乎在表面上没有什么共同之处的情况下，如爵士音乐与侦探小说，它们实际上在基本的结构与意义中都显示出一种令人惊奇的平行性。

——约翰·多克.后现代主义与大众文化：文化史 [M].

吴松江，张天飞，译.沈阳：辽宁教育出版社，2001：61.

第二节 文学创作的影响因素

文学创作的双重属性，决定了文学创作是主体与客体相互作用的过程，既离不开作家个人的精神劳动，又是在具体的社会历史语境中发生的，同时，文学创作还依赖于一定的文学传统。影响文学创作的因素纷繁复杂，一般可以从作者、社会和文学传

统三方面进行考察。

一、文学创作与个人素质

文学创作是一种个体化的、创造性的特殊精神文化活动，它对作家的个人素质有特别的要求。中外文学理论有大量相关论述，有的认为作家的艺术才能主要来自个人天赋，比如柏拉图的"灵感论"，康德的"天才论"，克罗齐、科林伍德的"直觉表现主义"，曹丕的"气之清浊有体，不可力强而致"，王国维的"主观之诗人不必多阅世"等。有的看重后天的阅历和艺术修养，中国古人有"诗穷而后工"的说法，西方从古希腊起就强调修辞、结构等技巧的重要性。还有一种看法认为，天才和后天的阅历、训练相结合，才能真正成就一个优秀的艺术家，这种看法更符合实际，也是古今中外的主流观点。古罗马的贺拉斯在《诗艺》中明确指出："苦学而没有丰富的天才，有天才而没有训练，都归无用"[①]，清代叶燮提出的"才、胆、识、力"说，都是第三种观点的代表。

具体而言，文学创作所需的艺术才能主要体现在两方面：一是对生活经验具有高度的艺术敏感，一是对审美形式具有高度的艺术敏感。

第一种素质，使作家比一般人更擅长把生活经验转化为艺术经验。任何文学创作都不是凭空产生的，不可能是"无米之炊"，它必然以一定的生活经验作为创作材料。但文学创作不是对生活经验进行历史还原或客观再现，而是把生活经验作为艺术体验的对象，经过作家主观的选择、提炼、加工之后，形成一种想象性的艺术经验。它凝聚着作家的感受和情绪，此时它还只是存在于作家的想象之中，但已经是一种创造物，相对于原有的生活经验，已经被赋予了新的意义。生活经验分为直接经验和间接经验。直接经验与文学创作的关系较为显性，不少文学作品都带有作家自身经历的影子；间接经验在文学创作中的呈现更为隐性，往往要通过作家对自己创作过程的解说，才能发现其痕迹。间接经验给作家带来更多自由发挥的空间，也对作家的艺术才能有更高的要求。在大多数时候，作家对间接经验的接受是零散的，是不完整的，这需要作家对经验材料的意义进行创造，使原本互不相干的经验材料因为新的意义关联而成为一个有机整体。

在想象中把生活经验转化为艺术经验，只是完成了文学创作的一半，作家还需要第二种素质，即对于审美形式的艺术敏感。如果没有审美形式作为艺术经验的载体，艺术经验就只存在于作家的想象之中，只属于作家个人，不属于读者，不属于社会，也不能进入文学传统。能否为艺术经验创造出恰当的审美形式，是艺术作品成功与否的关键。

陆机在《文赋》中所讲的"恒患意不称物，言不逮意"，就涉及文学创作对两种素质的要求。如果对生活经验缺乏艺术敏感，作者或者对经验材料（物）视而不见，或者从经验材料（物）中感受、提取的意义显得牵强或平淡，缺乏艺术深度，这就是"意不称物"；如果对审美形式缺乏艺术敏感，则不能为作者对生活的艺术体验（意）

---

① 贺拉斯. 诗艺［M］.∥诗学 诗艺. 杨周翰，译. 北京：人民文学出版社，1962：158.

找到恰当的载体，使艺术体验（意）在表达和传递的过程中发生扭曲或损耗，这就是"言不逮意"。这两方面素质的获得，既需要一定的艺术天赋，也需要后天的艺术修养。

在艺术才能之外，学识、思想、胸襟、阅历，也是有利于文学创作的重要个人素质。这些素质首先可以丰富作家的间接生活经验，扩大文学创作的素材基础。其次，这些素质可以开拓眼界，提升境界，使作家对生活经验的艺术体验更为丰富和深刻。最后，这些素质也有助于作家增强艺术形式方面的修养，如中国古典诗词中的用典就是从学识中发展出来的一种艺术形式。

综上所述，文学创作是有门槛的，在艺术和思想学识上具有必要的素质，是文学创作的前提。此外，其他一些个人因素，比如作家的人生经历、个性偏好，以及某些偶然的触发因素，都会对具体的文学创作产生一定影响。

二、文学创作与社会因素

文学创作虽然是个体精神劳动，但任何作家都生活在一定的社会关系网络之中，其创作过程也是在一定的社会环境中进行的，因而时代性、民族性、社会伦理观念、宗教思想、文化生产方式等多种社会性因素都会对文学创作产生影响。这些因素既是文学创作的重要素材，又制约着作家主观世界的形成。因此，作家对生活进行怎样的艺术体验，从经验材料中提炼怎样的主题，都会受到这些因素的影响或引导；另一方面，这些因素也影响作家对创作方式和艺术形式的运用。刘勰的"时运交移，质文代变"，就指出社会性因素对文学的精神内容和艺术形式两方面都会产生影响。

时代生活内容和时代精神风貌通常对文学创作产生重要影响，甚至构成一定时期文学作品共有的时代主题。18、19世纪的法国，资产阶级作为一种新兴的社会力量，急欲改变原有的社会秩序，表现出蓬勃的生命力和不择手段的进取心，而封建贵族并不愿意主动放弃既得利益，不同势力、不同利益之间矛盾尖锐、对抗激烈，导致了大革命、拿破仑帝国的扩张、波旁王朝复辟等一系列的社会动荡。19世纪法国文学成就达到一个历史高峰，与这一时期的文学家们对时代的深切关注是分不开的。

民族性对文学创作的影响如同盐溶于水，无处不在，因此，文学也往往是一个民族的文化精神的重要表征，是民族文化的主要构成内容。民族性的生活内容是文学创作的直接经验材料，民族语言直接塑造了文学的面貌，民族性的价值观念和审美心理制约着文学的思想、情感、风格、形式，民族文化气质赋予文学独特的精神风貌和艺术魅力，民族命运也往往是文学创作的关注焦点，尤其是当一个民族面临某种危机或处于历史转折的时期。中国近现代以来的文学创作就与我们民族的脉动息息相关。

道德伦理观念与文学创作之间的影响关系是双向的。文学创作关注人类生活，道德伦理是其中的重要内容，具体文学作品所体现的道德伦理观念，大体上与作家的道德伦理观念一致，不可避免地受到社会主流道德伦理秩序的影响；同时，文学作品的道德内容，也对社会价值观念产生影响，尤其因为文学诉诸感性，其艺术感染力往往使得文学作品的道德熏陶作用优于一般的道德宣传。在历史上，人们很早就注意到文学艺术的教化功能，常常据此对文学创作提出道德要求，比如儒家的"美教化，移风俗"，古希腊亚里士多德的"净化说"等。

社会性因素并非孤立地对文学创作发挥影响，而是通过相互作用、相互牵制形成合力。泰纳提出的"时代、种族、环境"三元素说，法兰克福学派揭示的意识形态与文化市场的共谋，布尔迪厄提出的"文学场"等，这些理论都指出社会性因素对文学创作的影响是综合性的，并以此判断为基础建立了各自的理论解释框架。

三、文学创作与文学传统

文学与现实客观世界和作家主观世界都存在密切关系，同时，文学自身也构成一个相对独立的世界，这就是文学传统，包括作为实体存在的作家作品的集合，以及在精神层面上存在的关于文学感受、审美标准、形式规范的共识，这两个层面相互映证、彼此补充。文学传统是动态的，是一个人类文学实践的积累过程，对既有的文学创作进行筛选、评价，实施经典化，为未来的文学创作提供标准和范本。对于作家而言，文学传统是一个无法回避的既有存在，具体的文学创作也总会受到文学传统的影响。

这种影响首先体现为，人们通常是从一定的文学传统中获得关于文学的基本判断，比如，什么是文学，什么是好的文学作品，什么是作家，什么是语言技巧，什么是艺术虚构等。这些认识为作家步入创作提供了一个基本的规范，使强调感性、个性化、独创性的文学领域仍然要遵循一个相对稳定的创作标准，类似于 T. S. 艾略特所说的文学的"历史感"和"同时并存的秩序"①。

其次，文学传统有助于作家提升艺术修养，积累创作经验。从意识上讲，作家在文学传统的熏陶中发展自身的艺术品位、审美能力、思想情操。从技巧上讲，作家需要从前人的经验中学习怎样处理经验材料，怎样运用艺术技巧。正如歌德所说："各门艺术都有一种源流关系。每逢看到一位大师，你总可以看出他汲取了前人的精华，就是这种精华培育出他的伟大。像拉斐尔那种人不是从土里冒出来的，而是植根于古代艺术，汲取了其中精华的。"② 绘画如此，文学创作同样如此。我们在作家对自己创作经历的回顾中，常常看到他们与文学传统的渊源。巴金说过："我在法国学会了写小说，我忘记不了的老师是卢骚（今译卢梭），雨果，左拉和罗曼罗兰。"③ 废名说过："就表现的手法说，我分明地受了中国诗词的影响，我写小说同唐人写绝句一样，绝句二十个字，或二十八个字，成为一首诗，我的一篇小说，篇幅当然长得多，诗是用写绝句的方法写的，不肯浪费语言。……就《桥》与《莫须有先生传》说，英国的哈代，艾略特，尤其是莎士比亚，都是我的老师，西班牙的伟大小说《堂吉诃德》我也呼吸了它的空气。总括一句，我从外国文学学会了写小说，我爱好美丽的祖国的语言，这算是我的经验。"④

再次，文学传统形成了一定的文学类型、文学母题，在不同时代、不同作家的创作中反复出现。文学类型，有西方的骑士小说、流浪汉小说、成长小说、公路小说等，

---

① T. S. 艾略特. 传统与个人才能［M］// 王恩衷. 艾略特诗学文集. 卞之琳，译. 北京：国际文化出版公司，1989：2.
② 爱克曼歌德谈话录［M］. 朱光潜，译. 北京：人民文学出版社，1978：105.
③ 巴金. 文学生活五十年［M］// 巴金选集：第一卷. 成都：四川人民出版社，1996：4.
④ 废名. 废名小说选·序［M］// 废名选集. 成都：四川文艺出版社. 1988：749－750.

中国的家族小说、神怪小说、历史演义等。文学母题，有西方文学中的神话母题、宗教母题，中国古典诗歌中的怀乡悼亡、伤春悲秋等。这些类型和母题，一方面因为它们反映人类生存中的某些常见境遇，或表达人类的某些深层愿望，或触及某些基本的心理状态，从而吸引文学创作不断以此为题进行演绎；另一方面，这些类型和母题的不断重现也与文学传统有关，或者是前人的作品赋予它们巨大的艺术魅力，形成文学传统中的经典形象，对后来的文学创作产生影响，或者是前人的作品有令人意犹未尽之处，也吸引后来者进行再创作。

最后，文学创作对传统不仅仅是被动的模仿和继承，而是不断融入新的创造，使文学传统不断丰富，甚至，新的创作还会以有意颠覆传统的方式来突出自身的创造力。因此，文学传统不仅从正面影响文学创作，而且，作为一个力求突破的对象，也从反方向影响着作家的艺术探索。塞万提斯创作《堂吉诃德》，就是出于对流俗的骑士小说的不满。在文体的发展过程中，也常有这样的现象。王国维就曾经从突破传统、激活创造力的角度来解释中国古典诗词在文体格律上的演变。"四言敝而有《楚辞》，《楚辞》敝而有五言，五言敝而有七言，古诗敝而有律绝，律绝敝而有词。盖文体通行既久，染指遂多，自成习套。豪杰之士，亦难于其中自出新意，故遁而作他体，以自解脱，一切文体所以始盛终衰者，皆由于此。"[1] 俄国形式主义以"陌生化"作为文学发展的动力，美国文学理论家哈罗德·布鲁姆以摆脱"影响的焦虑"来解释诗人对传统、对前辈的修正和突破，也都是从颠覆与创新的意义上来看待文学传统对文学创作的影响。

作家的个人素质与人生阅历、民族性、时代性、政治环境、伦理观念等社会历史因素，以及文学传统，对于文学创作而言都是重要的影响因素，它们既给文学创作提供各种材料和资源，也给文学创作带来种种限制。因而，文学创作与各种影响因素之间构成复杂的矛盾关系，文学创作作为一种精神创造活动，既不能绝对摆脱各种客观的和主观的条件，又总是力求对个人的、社会的、传统的种种限制进行抵抗和超越。

【原典选读】

治世之音安以乐，其政和；乱世之音怨以怒，其政乖；亡国之音哀以思，其民困。

——《礼记·乐记》，阮元刻《十三经注疏》本《礼记正义》卷三十七

……七年而太史公遭李陵之祸，幽于缧绁。乃喟然而叹曰："是余之罪也夫！是余之罪也夫！身毁不用矣。"退而深惟曰："夫诗书隐约者，欲遂其志之思也。昔西伯拘羑里，演周易；孔子厄陈蔡，作春秋；屈原放逐，著离骚；左丘失明，厥有国语；孙子膑脚，而论兵法；不韦迁蜀，世传吕览；韩非囚秦，说难、孤愤；诗三百篇，大抵贤圣发愤之所为作也。此人皆意有所郁结，不得通其道也，故述往事，思来者。"于是卒述陶唐以来，至于麟止，自黄帝始。

——司马迁《史记·太史公自序》，中华书局本二十四史《史记》卷一百三十

气之动物，物之感人，故摇荡性情，形诸舞咏于。照烛三才，晖丽万有，灵祇待

---

① 王国维. 新订《人间词话》[M]. 佛雏，校辑. 上海：华东师范大学出版社，1990：99.

之以致飨，幽微藉之以昭告。动天地，感鬼神，莫近于诗……若乃春风春鸟，秋月秋蝉，夏云暑雨，冬月祁寒，斯四候之感诸诗者也。嘉会寄诗以亲，离群托诗以怨。至于楚臣去境，汉妾辞宫；或骨横朔野，魂逐飞蓬；或负戈外戍，杀气雄边；塞客衣单，孀闺泪尽；又士有解佩出朝，一去忘返；女有扬蛾入宠，再盼倾国。凡斯种种，感荡心灵，非陈诗何以展其义，非长歌何以骋其情？

——钟嵘《诗品序》，何文焕本《历代诗话》

　　文章由学，能在天资。才自内发，学以外成，有学饱而才馁，有才富而学贫。学贫者迍邅于事义，才馁者劬劳于辞情，此内外之殊分也。是以属意立文，心与笔谋，才为盟主，学为辅佐；主佐合德，文采必霸，才学褊狭，虽美少功。夫以子云之才，而自奏不学，及观书石室，乃成鸿采。表里相资，古今一也。故魏武称张子之文为拙，以学问肤浅，所见不博，专拾掇崔杜小文，所作不可悉难，难便不知所出。斯则寡闻之病也。……夫经典沉深，载籍浩瀚，实群言之奥区，而才思之神皋也。

——刘勰．文心雕龙·事类 [M]．范文澜注本．北京：人民文学出版社，1970.

　　大凡物不得其平则鸣。草木无声，风挠之鸣。水之无声，风荡之鸣。其跃也或激之，其趋也或梗之，其沸也或炙之。金石之无声，或击之鸣。人之于言也亦然，有不得已者而后言，其歌也有思，其哭也有怀。凡出乎口而为声者，其皆有弗平者乎！……乐也者，郁于中而泄于外者也，择其善鸣者而假之鸣。……其于人也亦然。人声之精者为言，文辞之于言，又其精也，尤择其善鸣者而假之鸣。其在唐、虞，咎陶、禹，其善鸣者，而假以鸣。

——韩愈《送孟东野序》，蝉隐庐影宋世彩堂本《昌黎先生集》卷十九

　　……夫和平之音淡薄，而愁思之声要妙；欢愉之辞难工，而穷苦之言易好也。是故文章之作，恒发于羁旅草野。至若王公贵人，气满志得，非性能而好之，则不暇以为。

——韩愈《荆潭唱和诗序》，蝉隐庐影宋世彩堂本《昌黎先生集》卷二十

　　予闻世谓诗人少达而多穷，夫岂然哉？盖世所传诗者，多出于古穷人之辞也。凡士之蕴其所有而不得施于世者，多喜自放于山巅水涯之外，见虫鱼草木、风云鸟兽之状类，往往探其奇怪，内有忧思感愤之郁积，其兴于怨刺，以道羁臣寡妇之所叹，而写人情之难言。盖愈穷则愈工。然则非诗之能穷人，殆穷者而后工也。

——欧阳修《梅圣俞诗集序》，《四部丛刊》影元本《欧阳文忠公文集》卷四

　　夫诗有别材，非关书也；诗有别趣，非关理也。然非多读书、多穷理，则不能极其至，所谓不涉理路、不落言筌者，上也。诗者，吟咏情性也。盛唐诸人惟在兴趣，羚羊挂角，无迹可求。故其妙处，透彻玲珑，不可凑泊，如空中之音，相中之色，水中之月，镜中之象，言有尽而意无穷。近代诸公，乃作奇特解会，遂以文字为诗，以才学为诗，以议论为诗。夫岂不工？终非古人之诗也。盖于一唱三叹之音，有所歉焉。

——严羽．沧浪诗话·诗辨 [M] // 郭绍虞，校释．沧浪诗话校释．北京：人民文学出版社，1983：26.

　　古之称诗者，率羁人怨士不得志之人，以通其郁结，而抒其不平，盖《离骚》所从来矣。岂诗非在势处显之事，而常与穷愁困悴者直邪？诗非他，人之性灵之所寄也。苟其感不

至，则情不深；情不深，则无以惊心而动魄，垂世而行远。吾观尼父所删，非无显融腼厚者厝乎其间，而讽之令人低徊而不能去，必于变风雅归焉，则诗道可知也。

——焦竑《雅娱阁集序》，《金陵丛书》本《澹园集》卷十五

……北方派之理想，置于当日之社会中，南方派之理想，则树于当日之社会外。易言以明之；北方派之理想，在改作旧社会；南方派之理想，在创造新社会，然改作与创造，皆当日社会之所不许也。南方之人，以长于思辨，而短于实行，故知实践之不可能，而即于其理想中求其安慰之地，故有遁世无闷，嚣然自得以没齿者矣。若北方之人，则往往以坚忍之志，强毅之气，恃其改作之理想，以与当日之社会争；而社会之仇视之也，亦与其仇视南方学者无异，或有甚焉。故彼之视社会也，一时以为寇，一时以为亲，如此循环，而遂生欧穆亚（Humour）之人生观。《小雅》中之杰作，皆此种竞争之产物也。且北方之人，不为离世绝俗之举，而日周旋于君臣父子夫妇之间，此等在界以诗歌之题目，与以作诗之动机。此诗歌的文学，所以独产于北方学派中，而无与于南方学派者也。

然南方文学中，又非无诗歌的原质也。南人想象力之伟大丰富，胜于北人远甚。彼等巧于比类，而善于滑稽；故言大则有若北溟之鱼，语小则有若蜗角之国；语久则大椿冥灵，语短则蟪蛄朝菌；至于襄城之野、七圣皆迷；汾水之阳，四子独往；此种想象决不能于北方文学中发见之，故庄、列书中之某部分，即谓之散文诗，无不可也。夫儿童想象力之活泼，此人人公认之事实也。国民文化发达之初期亦然，古代印度及希腊之壮丽之神话，皆此等想象之产物也。以我中国论，则南方之文化发达较后于北方，则南人之富于现想象，亦自然之势也。此南方文学中之诗歌的特质所以优于北方文学者也。

由此观之，北方人之感情，诗歌的也，以不得想象之助，故其所作遂止于小篇。南方人之想象，亦诗歌的也，以无深邃之感情之后援，故其想象亦散漫而无所丽，是以无纯粹之诗歌。而大诗歌之出，必须俟北方人之感情，与南方人之想象合而为一，即必通南北之驿骑而后可，斯即屈子其人也。

——王国维《屈子文学之精神》，世界文库本《晚清文选》

诗者，言之有节文者耶！凡人情志郁于中，境遇交于外，境遇之交压也瑰异，则情志之郁积也深厚。情者阴也，境者阳也；情幽幽而相袭，境愕愕而相发。阴阳愈交迫，则逾变化而旁薄，又有礼俗文例以节奏之，故积极而发……

——康有为《诗集自序》，广智书局影梁启超手写本《南海先生诗集》卷首

从写作的风格来认出一个意大利人、一个法国人、一个英国人或一个西班牙人，就像从他面孔的轮廓，他的发音和他的行动举止来认出他的国籍一样容易。意大利语的柔和和甜蜜在不知不觉中渗入到意大利作家的资质中去。在我看来，辞藻的华丽、隐喻的运用、风格的庄严，通常标志着西班牙作家的特点。对于英国人来说，他们更加讲究作品的力量，活力和雄浑，他们爱讽喻和明喻甚于一切。法国人则具有明彻、严密和幽雅的风格。他们既没有英国人的力量，也没有意大利人的柔和，前者在他们看来显得凶猛粗暴，后者在他们看来又未免缺乏气概。

——伏尔泰. 论史诗［M］//西方文论选：上卷. 上海：
上海文艺出版社，1963：323.

（每个时代）创作出标志着本时代特点的字，自古已然，将来也永远如此。每当岁晚，林中的树叶发生变化，最老的树叶落到地上；文字也如此，老一辈的消逝了，新生的字就像青年一样将会开花、茂盛……我们的语言不论多么光辉优美，更难以长存千古了。许多词汇已经衰亡了，但是将来又会复兴；现在人人崇尚的词汇，将来又会衰亡；这都看"习惯"喜欢怎样，"习惯"是语言的裁判，它给语言制定法律和标准。

——贺拉斯．诗艺［M］．杨周翰，译．北京：
人民文学出版社，1962：140-141.

所有用爱尔兰文写的诗，每一节都是四行；因此，这种四行一节的格式，虽然往往不大明显，通常还是大多数歌曲，特别是古老的歌曲的基础；此外还常常附有叠句或竖琴弹奏的尾声。

……

这些歌曲大部分充满着深沉的忧郁，这种忧郁直到今天也还是民族情绪的表现。

——恩格斯．爱尔兰歌曲集代序［M］//
马克思恩格斯全集：第16卷．北京：人民出版社，2008：575.

古代诗人的力量是建立在有限物的艺术上面，而近代诗人的力量则建立在无限物的艺术上面。……如果古代诗人的素朴的形式，以从感觉上描绘的具体的对象占有上风，那么近代诗人则以丰富的内容，以超出造型艺术和感性表现的界限的对象，总之，以成为艺术品的精神的东西胜过了古代诗人。

——席勒．论素朴的诗和感伤的诗［M］//李醒尘.
十九世纪西方美学名著选·德国卷.
上海：复旦大学出版社，1990：168-169.

第三节　文学创作的动态过程

在分析了文学创作的双重属性和影响因素之后，以下将具体考察文学创作过程。创作过程是文学活动的主要环节之一，一般包括这样两个层次：一是在艺术体验中创造审美意义系统，即通常所说的艺术构思；二是为意义系统创造独特的艺术形式，即通常所说的艺术表达。在具体创作实践中，这两个层次可能是同时进行的，也有可能是分阶段完成的。

一、对世界与生活的艺术掌握

人类在面对自然世界和社会生活时能够对之进行艺术的把握，这是一切艺术活动的前提。德国哲学家康德认为纯粹理性、实践理性、判断力先天地存在于人类的主体精神结构，因此，在精神活动中相应地形成了科学、伦理、艺术三大领域。马克思在《1844年经济学—哲学手稿》和《〈政治经济学批判〉导言》等著作中进一步指出：人类掌握世界具有四种基本方式：理论的方式，艺术的方式，宗教的方式，实践精神的方式。① 艺术掌握的方式，意味着人类能够把主体内在的尺度运用到对象身上，能够按照美的规律来进行创造。② 可见，人类在认识和体验世界的过程中，不仅有能力发现其中的自然规律，对世界进行改造使之符合人类生存的实际需要，有能力建立一定的道德伦理秩序以调节各种社会关系，也对世界进行神学的解释使之符合信仰的需要，还能超越于物质的、道德的、科学的、宗教的各种功利之外，专门关注事物的外观和形式，从中获得审美快感。于是，经过艺术掌握而重新呈现于人们心目中的世界，具有独特的形象和意义。"山石荦确行径微，黄昏到寺蝙蝠飞。升堂坐阶新雨足，芭蕉叶大栀子肥"（韩愈《山石》），在眼目所及的景物中，率先吸引诗人的是嶙峋的山石，诗人对它的兴趣不在于要了解它的矿物质构成或地质年代，不在于要用它来铺路筑桥，而是因为它坚硬的质地，奇特的形状，厚重的色泽，或者是它与周围环境的关系，触发了主体的某种感性体验，似乎在一刹那间向人昭示出心灵与世界之间的某种潜在关联。这种体验就是人对世界的艺术掌握。又譬如一段人生经历，如果人们感兴趣的不是从中获得某种道德教训或生活常识，不是对之进行社会学考察，也不是以之印证某种宗教理念，而是从中感受人物的鲜活个性，理解其中的人性与心理，想象其中的情绪体验和人生境遇，并由此触动、补充、发挥自身的人生体验和价值思考。这也是人对世界的艺术掌握。

一般人在对世界与生活的精神把握中，多多少少都会产生一些艺术体验，但这种艺术掌握大多是无意识的，不自觉的，一般不会进一步发展为艺术创作。比如看见美丽的自然景物，一般人都会产生审美愉悦，但未必会就此写诗作画。艺术家则不同，他们能够意识到自己对外物的某种感受是艺术体验，甚至有意识地为平凡的风景赋予不同寻常的美感，有意识地从普通生活场景中挖掘能够反映社会生活本质，能够触及人们灵魂深处的意义，化腐朽为神奇。朱自清眼中的清华园荷塘，托尔斯泰眼中的牛蒡花，与一般人所见大相径庭。一个普通的由婚外恋引发的悲剧，在福楼拜心目中，可以成为贵族式教育，平庸的生活和道德，以及人性虚荣的社会现实的整体批判，于是有了《包法利夫人》。路途遇雨，在人们的日常生活中司空见惯，苏轼却由此悟出"回首向来萧瑟处，归去，也无风雨也无晴"（《定风波》）的人生境界。英国诗人济慈无意间听到夜莺鸣叫，便为那一只飞鸟、一声天籁创造出穿越亘古时空、穿越生死流转的永生的象征意义（《夜莺颂》）。艺术家对这种超乎常人的敏感的审美感受，往往都有切身体验和自觉认识。雕塑家罗丹曾说："所谓大师，就是这样的人，他们用自己的眼睛去看别人见过的东西，在别人司空见惯的东西上能够发现出美来。"③ 福楼拜在对莫泊桑谈创作时也强调："对你所要表现的东西，要长时间很注意去观察它，以便能发现别人没有发现过和没有写过的特点……最细微的事物里也会有一点点未被认识的东西，让我们去发掘它。为了要描写一堆篝火和平原上的一株树木，我们要面对着这堆

① 马克思. 政治经济学批判·导言［M］//马克思恩格斯选集：第2卷. 北京：人民出版社，1995：19.
② 马克思. 1844年经济学—哲学手稿［M］//马克思恩格斯选集：第1卷. 北京：人民出版社，1995：47.
③ 罗丹. 罗丹艺术论［M］. 沈琪，译. 北京：人民美术出版社，1978：5.

火和这株树，一直到我们发现了它们和其他的树其他的火不相同的特点的时候。"① 艺术家甚至能从墙上的污迹中看出风景，钱钟书就曾举出这种中外皆有的例子，中国的例子出自《梦溪笔谈》："汝先当求一败墙，张绢素讫，倚之败墙之上，朝夕观之。观之即久，隔素见败墙之上，高下曲折，皆成山水之象，心存目想。"西方的例子则出自达·芬奇："达文齐亦云，作画时构思造境，可面对败墙痕斑驳或石色错杂，目注心营，则人物风景仿佛纷呈。"②

所以，日常生活中人们对世界的一般性审美体验，与文学创作过程中作家对世界的艺术掌握，虽然具有关联性和相似性，但并不能完全等同。后者是一种综合了长期生活积累、艺术积累和敏锐的艺术天赋而产生的精神活动，也是一种综合了知觉、想象、情感、理性的精神活动，能够从个别的、特殊的物象中意识到它作为类的存在，在偶然的境遇中体悟到人类普遍的命运，能够为眼前的物象创造出新的形象，赋予新的意义，比一般性审美体验更具概括性、创造性。这种创造性的构思，最初往往是作家因外物触发而产生的无意识活动，但它的完善成形，却离不开作家对既有积累进行有意识的筛选、增删、改造、整合。

二、以形式为载体的艺术加工

在艺术家对世界的审美把握中，世界已经不再是原来的状态，而是呈现出新的形象和意义，但它们可能还只是存在于艺术家的主观意识之中，如果要记录、描绘、传递这些形象和意义，就需要为之创造审美形式，艺术作品总是以具体的语言文字、线条、形体、色彩、音符、旋律等实体形式而存在的。

在有些时候，艺术形象和审美形式是同时获得的。例如，在某些诗歌创作中，生成意义系统的不是那些已经被抒发了无数遍的思想情感，而是对意象的捕获和音韵格律的呈现。梁宗岱甚至这样解说象征主义的"纯诗"："所谓纯诗，便是摒除一切的客观的写景、叙事、说理以至感伤的情调，而纯粹凭借那构成它的形体的元素——音韵和色彩——产生一种符咒似的暗示力，以唤起我们感官与想象的感应，而超度我们的灵魂到一种神游物表的光明极乐的境域。"③ 一些小说作家有意识地运用独特的叙事形式来构造意义系统，如伍尔夫《达罗卫夫人》《到灯塔去》，博尔赫斯《交叉小径的花园》，帕穆克《我的名字叫红》等，在这些例子中，艺术形式本身就意味着作家心目中的形象和意义。除文学之外，在其他艺术门类中也存在此种情况，如中国的书法艺术和写意画，其艺术形象与意义系统就是随审美形式而出现的。

当然，在大多数创作过程中，作家是首先在对世界和生活的审美把握中逐渐构想出凝聚着意义的艺术形象，经历了艺术情绪的激荡，随之产生艺术表达的欲望，然后进入创造艺术形式的阶段。"我们自身灵性里以及周遭空气里多的是要求投胎的思想的灵魂，我们的责任是替它们构造恰当的躯壳，这就是诗文与各种美术的新格式与新音

① 莫泊桑.论小说［M］//欧美古典作家论现实主义和浪漫主义（二）.北京：中国社会科学出版社，1981：237.
② 钱钟书.管锥［M］.北京：中华书局，1986：1003.
③ 梁宗岱.象征主义［J］.现代，1932，2（1）.

节的发见。"① 不仅艺术构思可能经历一个长期过程，比如雨果最初了解到农民皮埃尔·莫兰的遭遇，触发创作动机，到他正式开始写作《悲惨世界》，中间已有近20年的间隔，而这部作品又历时14年才最终完成。艺术形式的创造成型，也可能是一个长期的、反复的过程，曹雪芹写《红楼梦》就曾"批阅十载，增删五次"，推敲不已的诗人贾岛更曾感慨"二句三年得，一吟双泪流"（《题诗后》）。

创作过程中之所以存在这样的困难，固然可以从作家的艺术才能中原因，但更为本质的原因在于，艺术形式对于形象和意义的表达总会具有这样那样的局限性。郑板桥从自己的绘画创作经验中，体会到"眼中之竹""胸中之竹""笔下之竹"三者的不相吻合，形象地说明了艺术家头脑中的艺术形象不是实物的再现，而是以经验材料为基础的创造物；而艺术形式又具有一定的独立性，它本身要生成意义，并非只是作为媒介或容器负载先于作家头脑中的形象与意义。从消极的角度看，这意味着任何艺术形式都难以完美地呈现出艺术家希望表达的形象内容和意义系统，以有形的线条、色彩、形状为载体的绘画尚且如此，以更为抽象的语言符号为载体的文学就更是如此。中国古人很早就注意到"言不尽意"的现象，陆机讲过"文不逮意"（《文赋》），刘勰讲过"意翻空而易奇，言征实而难巧"（《文心雕龙·神思》），苏轼讲过"能使是物了然于心者，盖千万人而不一遇也，而况能使了然于口与手者乎？"（《答谢民师书》）然而，对于文学创作而言，"言不尽意"也可能产生积极的影响：一是有助于发挥艺术形式的独立审美意义，使人们充分感受音韵格律辞藻结构之美；二是使艺术形式的创造同时也成为意义系统的再创造，作家对存在于头脑中的艺术体验的表达，就不仅仅是为之寻找一个载体，一个形式，而是对于形象和意义的再次打造。所以，当作品真正成型以后，所生成的艺术形象和意义系统可能与作家最初的设想有所差别。所以，中国古人意识到"言不尽意"之后，并不是被动接受这种局限，而是化被动为主动，一方面把诗歌、文章的形式之美发挥到淋漓尽致的地步，融整齐对称与错落有致为一体，集回环呼应与摇曳多姿为一身；一方面有意识地追求"言已尽而意无穷"的表达效果，形成了含蓄隽永、意味深长的民族审美风格。西方艺术家在意识到艺术形式的局限性之后，也开始突破再现论传统"艺术模仿现实"的观念，突破表现论传统"艺术表现心灵"的观念，不再把艺术形式视为表达工具，而强调艺术形式本身所能创造出的审美意蕴，在理论上提出"形式的陌生化"、语言的"诗功能"、"有意味的形式"、"文本的召唤结构"等新见，在创作实践上发展出各种新颖的语言风格、叙事技巧和结构形式，使20世纪的文学创作继19世纪现实主义、浪漫主义达到高峰之后，得以凭借现代主义而走向新的艺术高峰。

就文学创作过程而言，以形式为载体进行艺术加工是一个必经阶段，它是文学创作的最终完成，是作家艺术体验、艺术才能的实体化，也是作家艺术个性的体现。对艺术形式的加工一般遵循审美性、创造性、个性化的原则，但这个阶段不仅仅是对艺术形式的打磨，更是对意义的重新提炼，对形象的重新锻造。在一个完整的创造过程中，艺术形象的生成与艺术形式的实现，虽然从理论上讲是两个层次，但在艺术实践

---

① 徐志摩．诗刊弁言［J］．晨报副刊·诗镌，1926.

中是很难被截然分开的。

三、创作过程中的灵感现象

在文学创作的两个层次中，都有可能出现灵感现象。灵感是一种特殊的精神状态，在这种状态中，艺术感知特别敏捷活跃，创作主体能于一刹那间不由自主地捕获到平时经过艰苦构思也难以得到的艺术形象与审美意蕴，能够"下笔千言倚马可待"地写就平时经过千锤百炼也难以拥有的清词丽句。许多作家都曾经谈到对灵感状态的切身体会，陆机说："若夫应感之会，通塞之纪，来不可遏，去不可止……虽兹物之在我，非余力之所戮。故时抚空怀而自惋，吾未识夫开塞之所由也。"① 皎然说："有时意静神王，佳句纵横，若不可遏，宛若神助。"② 汤显祖说："自然灵气，恍惚而来，不思而至，怪怪奇奇，莫名其状。"③ 歌德说："事先毫无印象或预感，诗意突如其来，我感到一种压力，仿佛非马上把它写出来不可。这种压力就像一种本能的梦境的冲动。在这种梦行症的状态中，我往往面前斜放着一张稿纸而没有注意到，等我注意到时，上面已写满了字，没有空白可以再写什么了。"④

灵感的产生，是主体所不能控制的，具有偶发性。历来对于灵感现象的解释，有的具有神秘主义色彩，如柏拉图就把灵感视为受到神灵禀赋而产生的一种迷狂状态；有的则从心理甚至生理刺激中寻求解答，如李白、王勃借助饮酒，伏尔泰、巴尔扎克借助咖啡，柯勒律治吸食鸦片，卢梭需要让阳光晒着脑袋，弥尔顿依赖于特定的季节，席勒认为烂苹果的味道刺激灵感，马克·吐温觉得躺在床上构思灵感才会降临……尽管灵感的确具有偶然性、个体性、稍纵即逝，但并非全然不可捉摸，它实际上是生活阅历、审美经验的丰富积累，长期创作实践的训练，再加上偶然因素触发而造成的思维瞬间活跃状态。正类似于王国维所说的"三境界"，最高境界的达成需要前两个境界的准备和铺垫，如果没有"独上高楼，望断天涯路"的艺术志向，没有长期冥思苦想，"为伊消得人憔悴"的执着，也不可能达到"蓦然回首"，灵感乍现，得来全不费工夫的境界。

【原典选读】

余每观才士之所作，窃有以得其用心。夫放言遣辞，良多变矣，妍蚩好恶，可得而言。每自属文，尤见其情。恒患意不称物，文不逮意。盖非知之难，能之难也。故作《文赋》，以述先士之盛藻，因论作文之利害所由，他日殆可谓曲尽其妙。至于操斧伐柯，虽取则不远，若夫随手之变，良难以辞逮。盖所能言者，具于此云尔。

伫中区以玄览，颐情志于典坟。遵四时以叹逝，瞻万物而思纷。悲落叶于劲秋，喜柔条于芳春。心懔懔以怀霜，志眇眇而临云。咏世德之骏烈，诵先人之清芬。游文章之林府，嘉丽藻之彬彬。慨投篇而援笔，聊宣之乎斯文。

① 陆机.文赋 [M] //郭绍虞.中国历代文论选：一卷本.上海：上海古籍出版社，2001：70-71.
② 皎然.诗式·取境 [M] //何文焕.历代诗话.北京：中华书局，1981：31.
③ 汤显祖.合奇·序 [M] //徐朔方，笺校.汤显祖全集（二）.北京：北京古籍出版社，1998：1138.
④ 爱克曼.歌德·谈话录 [M] .朱光潜，译.北京：人民文学出版社，1978：207.

其始也，皆收视反听，耽思傍讯。精骛八极，心游万仞。其致也，情瞳昽而弥鲜，物昭晰而互进。倾群言之沥液，漱六艺之芳润。浮天渊以安流，濯下泉而潜浸。于是沉辞怫悦，若游鱼衔钩，而出重渊之深；浮藻联翩，若翰鸟婴缴，而坠曾云之峻。收百世之阙文，采千载之遗韵。谢朝华于已披，启夕秀于未振。观古今于须臾，抚四海于一瞬。然后选义按部，考辞就班。抱景者咸叩，怀响者毕弹。或因枝以振叶，或沿波而讨源。或本隐以之显，或求易而得难。或虎变而兽扰，或龙见而鸟澜。或妥帖而易施，或岨峿而不安。罄澄心以凝思，眇众虑而为言。笼天地于形内，挫万物于笔端。始踯躅于燥吻，终流离于濡翰。理扶质以立干，文垂条而结繁。信情貌之不差，故每变而在颜。思涉乐其必笑，方言哀而已叹。或操觚以率尔，或含毫而邈然。

伊兹事之可乐，固圣贤之可钦。课虚无以责有，叩寂寞而求音。函绵邈于尺素，吐滂沛乎寸心。言恢之而弥广，思按之而逾深。播芳蕤之馥馥，发青条之森森。粲风飞而猋竖，郁云起乎翰林。

体有万殊，物无一量。纷纭挥霍，形难为状。辞程才以效伎，意司契而为匠。在有无而僶俛，当浅深而不让。虽离方而遁圆，期穷形而尽相。故夫夸目者尚奢，惬心者贵当。言穷者无隘，论达者唯旷。

诗缘情而绮靡，赋体物而浏亮。碑披文以相质，诔缠绵而悽怆。铭博约而温润，箴顿挫而清壮。颂优游以彬蔚，论精微而朗畅。奏平彻以闲雅，说炜晔而谲诳。虽区分之在兹，亦禁邪而制放。要辞达而理举，故无取乎冗长。

其为物也多姿，其为体也屡迁；其会意也尚巧，其遣言也贵妍。暨音声之迭代，若五色之相宣。虽逝止之无常，故崎锜而难便。苟达变而相次，犹开流以纳泉；如失机而后会，恒操末以续颠。谬玄黄之秩序，故淟涊而不鲜。

或仰逼于先条，或俯侵于后章；或辞害而理比，或言顺而义妨。离之则双美，合之则两伤。考殿最于锱铢，定去留于毫芒；苟铨衡之所裁，固应绳其必当。

或文繁理富，而意不指适。极无两致，尽不可益。立片言而居要，乃一篇之警策；虽众辞之有条，必待兹而效绩。亮功多而累寡，故取足而不易。

或藻思绮合，清丽千眠。炳若缛绣，悽若繁弦。必所拟之不殊，乃暗合乎曩篇。虽杼轴于予怀，怵他人之我先。苟伤廉而愆义，亦虽爱而必捐。

或苕发颖竖，离众绝致；形不可逐，响难为系。块孤立而特峙，非常音之所纬。心牢落而无偶，意徘徊而不能揥。石韫玉而山辉，水怀珠而川媚。彼榛楛之勿翦，亦蒙荣于集翠。缀《下里》于《白雪》，吾亦济夫所伟。

或讬言于短韵，对穷迹而孤兴，俯寂寞而无友，仰寥廓而莫承；譬偏弦之独张，含清唱而靡应。或寄辞于瘁音，徒靡言而弗华，混妍蚩而成体，累良质而为瑕；象下管之偏疾，故虽应而不和。或遗理以存异，徒寻虚以逐微，言寡情而鲜爱，辞浮漂而不归；犹弦幺而徽急，故虽和而不悲。或奔放以谐和，务嘈囋而妖冶，徒悦目而偶俗，故声高而曲下；寤《防露》与桑间，又虽悲而不雅。或清虚以婉约，每除烦而去滥，阙大羹之遗味，同朱弦之清汜；虽一唱而三叹，固既雅而不艳。

若夫丰约之裁，俯仰之形，因宜适变，曲有微情。或言拙而喻巧，或理朴而辞轻；或袭故而弥新，或沿浊而更清；或览之而必察，或研之而后精。譬犹舞者赴节之投袂，歌者应弦而遣声。是盖轮扁所不得言，亦非华说之所能精。

　　普辞条与文律，良余膺之所服。练世情之常尤，识前修之所淑。虽濬发于巧心，或受蚩于拙目。彼琼敷与玉藻，若中原之有菽。同橐籥之罔穷，与天地乎并育。虽纷蔼于此世，嗟不盈于予掬。患挈缾之屡空，病昌言之难属。故踸踔于短垣，放庸音以足曲。恒遗恨以终篇，岂怀盈而自足？惧蒙尘于叩缶，顾取笑乎鸣玉。

　　若夫应感之会，通塞之纪，来不可遏，去不可止，藏若景灭，行犹响起。方天机之骏利，夫何纷而不理？思风发于胸臆，言泉流于唇齿；纷葳蕤以馺遝，唯毫素之所拟；文徽徽以溢目，音泠泠而盈耳。及其六情底滞，志往神留，兀若枯木，豁若涸流；览营魂以探赜，顿精爽而自求；理翳翳而愈伏，思轧轧其若抽。是故或竭情而多悔，或率意而寡尤。虽兹物之在我，非余力之所戮。故时抚空怀而自惋，吾未识夫开塞之所由也。

　　伊兹文之为用，固众理之所因。恢万里而无阂，通亿载而为津。俯贻则于来叶，仰观象乎古人。济文武于将坠，宣风声于不泯。涂无远而不弥，理无微而弗纶。配沾润于云雨，象变化乎鬼神。被金石而德广，流管弦而日新。

　　　　　　　　——陆机《文赋》，《四部丛刊》影宋本《六臣注文选》卷五十二

　　古人云："形在江海之上，心存魏阙之下。"神思之谓也。文之思也，其神远矣。故寂然凝虑，思接千载；悄焉动容，视通万里；吟咏之间，吐纳珠玉之声；眉睫之前，卷舒风云之色；其思理之致乎！故思理为妙，神与物游。神居胸臆，而志气统其关键；物沿耳目，而辞令管其枢机。枢机方通，则物无隐貌；关键将塞，则神有遁心。

　　是以陶钧文思，贵在虚静，疏瀹五藏，澡雪精神。积学以储宝，酌理以富才，研阅以穷照，驯致以怿辞，然后使玄解之宰，寻声律而定墨；独照之匠，窥意象而运斤：此盖驭文之首术，谋篇之大端。

　　夫神思方运，万涂竞萌，规矩虚位，刻镂无形。登山则情满于山，观海则意溢于海，我才之多少，将与风云而并驱矣。方其搦翰，气倍辞前，暨乎篇成，半折心始。何则？意翻空而易奇，言征实而难巧也。是以意授于思，言授于意，密则无际，疏则千里。或理在方寸而求之域表，或义在咫尺而思隔山河。是以秉心养术，无务苦虑；含章司契，不必劳情也。人之禀才，迟速异分，文之制体，大小殊功。相如含笔而腐毫，扬雄辍翰而惊梦，桓谭疾感于苦思，王充气竭于思虑，张衡研京以十年，左思练都以一纪。虽有巨文，亦思之缓也。淮南崇朝而赋《骚》，枚皋应诏而成赋，子建援牍如口诵，仲宣举笔似宿构，阮瑀据案而制书，祢衡当食而草奏，虽有短篇，亦思之速也。

　　若夫骏发之士，心总要术，敏在虑前，应机立断；覃思之人，情饶歧路，鉴在虑后，研虑方定。机敏故造次而成功，虑疑故愈久而致绩。难易虽殊，并资博练。若学浅而空迟，才疏而徒速，以斯成器，未之前闻。是以临篇缀虑，必有二患：理郁者苦贫，辞溺者伤乱，然则博见为馈贫之粮，贯一为拯乱之药，博而能一，亦有助乎心力矣。

　　若情数诡杂，体变迁贸，拙辞或孕于巧义，庸事或萌于新意；视布于麻，虽云未费，杼轴献功，焕然乃珍。至于思表纤旨，文外曲致，言所不追，笔固知止。至精而后阐其妙，至变而后通其数，伊挚不能言鼎，轮扁不能语斤，其微矣乎！

赞曰：神用象通，情变所孕。物以貌求，心以理应。刻镂声律，萌芽比兴。结虑司契，垂帷制胜。

——刘勰．文心雕龙·神思［M］．范文澜注本．北京：人民文学出版社，1970.

孔子曰："言之不文，行而不远。"又曰："辞达而已矣。"夫言止于达意，即疑若不文，是大不然。求物之妙，如系风捕影，能使是物了然于心者，盖千万人而不一遇也，而况能使了然于口与手者乎？是之谓辞达。辞至于能达，则文不可胜用矣。

——苏轼《答谢民师书》，文学古籍刊行社版《经进东坡文集事略》卷四十六

江馆清秋，晨起看竹，烟光、日影、露气，皆浮动于疏枝密叶之间。胸中勃勃，遂有画意。其实，胸中之竹，并不是眼中之竹也。因而磨墨、展纸、落笔，倏作变相，手中之竹，又不是胸中之竹也。总之，意在笔先者，定则也；趣在法外者，化机也。独画云乎哉！

——郑燮《题画》，中华书局本《郑板桥集》

凡学诗者，无不知要有真性情，却不知真性情者，非到作诗时方去打算也。平日明理养气，于孝弟忠信大节，从日用起居及外间应务，平平实实，自家体贴得真性情；时时培护，字字持守，不为外务摇夺，久之，则真性情方才固结到身心上，即一言语一文字，这个真性情时刻流露出来。虽时刻流露，以之作诗作文，尚不能就算成家者，以次真性情随偶然流露，而不能处处发现，因作诗文自有多少法度，多少功夫，方能将真性情般运到笔墨上。又性情是浑然之物，若到文与诗上头，便要有声情气韵，波澜摇荡，方得真性情发见充满，使天下后世见其所为，如见其人，如见其性情。若平日不知持养，临提笔时要它有真性情，何尝没得几句惊心动魄的，可知道这性情不是暂时撑门面的，就是从人借来的，算不得自己真性情也。

——何绍基《与汪菊士论诗》，同治六年长沙刻本《东洲草堂文钞》卷五

世界是那样广阔丰富，生活是那样丰富多彩，你不会缺乏做诗的动因。但是写出来的必须全是应景即兴诗。也就是说，现实生活必须提供诗的机缘，又提供诗的材料。一个特殊具体的情境通过诗人的处理，就变成带有普遍性和诗意的东西……不要说现实生活没有诗意。诗人的本领，正在于他有足够的智慧，能从惯见的平凡事物中见出引人入胜的一个侧面。

……

艺术要通过一个完整体向世界说话。但这种完整体不是他在自然中所能找到的，而是他自己的心智的果实。或者说，是一种丰产的神圣的精神灌注生气的结果。

——爱克曼．歌德谈话录［M］．朱光潜，译．北京：

人民文学出版社，1978：6，137.

想象，这是一种特质，没有它，人既不能成为诗人，也不能成为哲学家、有思想的人、一个有理性的生物、一个真正的人。

想象是人们追忆形象的机能。一个完全失去这个机能的人是一个愚昧的人，他的全部知识活动将限于发出他在童年时学会组合的声音，机械地应用于生活环境。

把必要的一系列形象按照它们在自然中前后相联的顺序加以追忆，这就叫作根据事实进行推理。从某一假定现象出发，而把一系列的形象按照它们在自然中必有的前后顺序思索出来，这就叫作根据假设进行推理，或者叫作想象；按照你所选的不同目

标，你就是哲学家或诗人。……但是，诗人不能完全听任想象力的狂热摆布，想象有它一定的范围。在事物的一般程序的罕见情况中，想象的活动有它一定的规范。这就是他的规则。

——狄德罗. 论戏剧艺术：第 10［M］//文艺理论译丛.
陆达成，徐继曾，译. 北京：人民文学出版社，1958.

在自己心里唤起曾经一度体验过的感情，在唤起这种感情之后，用动作、线条、色彩、声音，以及言词所表达的形象来传达出这种感情，使别人也能体验到这同样的感情——这就是艺术活动。艺术是一项重要的人类的活动：一个人用某种外在的标志有意识地把自己体验过的感情传达给别人，而别人也为这些感情所感染，同时也体验到这些感情。

——列夫·托尔斯泰. 艺术论［M］. 丰陈宝，译. 北京：
人民文学出版社，1958：47.

在艺术活动中，精神分析学一再把行为看作是想要缓解不满足的愿望——这首先体现在创造性艺术家本人身上，继而体现在听众和观众身上……艺术家的第一个目标是使自己自由，并且靠着把他的作品传达给其他一些有着同样被抑制的愿望的人们，他使这些人得到同样的发泄。他那最个性化的、充满愿望的幻想在他的表达中得到实现，但它们经过了转化——这个转化缓和了幻想中显得唐突的东西，掩盖了幻想的个性化的起因，并遵循美的规律，用快乐这种补偿方式来取悦于人——这时它们才变成了艺术作品。

——弗洛伊德. 精神分析学导论［M］//弗洛伊德论美文选.
张唤民，陈伟奇，译. 上海：知识出版社，1987：139.

那种被称为艺术的东西的存在，正是为了唤回人对生活的感受，使人感受到事物，使石头更成其为石头。艺术的目的是使你对事物的感觉如同你所见的视象那样，而不是如同你所认知的那样；艺术的手法是事物的"反常化（ОСТРаНеНИе）"手法，是复杂化形式的手法，它增加了感受的难度和时延，既然艺术中的领悟过程是以自身为目的的，它就理应延长；艺术是一种体验事物之创造的方式，而被创造物在艺术中已无足轻重。

——维克托·什克洛夫斯基. 作为手法的艺术［M］. 俄国形式主义文论选.
方珊，译. 北京：生活·读书·新知三联书店，1989：6.

复习思考题

1. 中、西方文学传统中支持"作者中心论"的代表性理论有哪些？
2. 20 世纪以来，传统的"作者中心论"遭到了哪些挑战？
3. 如何理解文学创作的"双重属性"？
4. 文化生产机制对文学创作的制约和影响体现在哪些方面？
5. 如何理解文学创作与个人素质的关系？
6. 如何理解文学创作与社会因素的关系？
7. 如何理解文学创作与文学传统的关系？

8."对世界的艺术掌握"理论包含哪些具体内容？

9. 以艺术形式来表达形象和意义的复杂性有哪些具体表现？

10. 如何理解文学创作过程中的"灵感"现象？

第四章
文学接受论

概|述|

在汉语中，"接受"一词的基本意思是"对事物容纳而不拒绝"①。因此，所谓"文学接受"应当是指对一切文学作品的接纳，也即阅读活动。它包括审美的阅读，即人们通常所说的文学欣赏，也包括非审美的（即不以审美为目的或不能达到审美水准的）阅读活动。文学批评作为一种指导广大读者如何去接受文学作品的活动，必须以批评主体自身的阅读欣赏为基础和前提，因此，它也应纳入文学接受的范畴，被看成是一种侧重于理性分析和把握的、具有指导性意义的阅读层次。

文学接受是一种异常复杂的精神活动，很早就有人对它进行思考和研究。在先秦儒家看来，诗和乐不仅反映了国家的伦理政治状况，而且也都是实现百姓教化的工具。在中国较早谈到文学接受问题的是孟子，他所说的"以意逆志"和"知人论世"，从原则和方法上为文学接受奠定了儒学的基调，强调在心灵普遍性基础上的完全理解，以及通过文本所达到的理解的跨时空性。孟子所暗示的人的心灵普遍性是一个实践概念，从最抽象的"四端之心"，到成熟的公共形式的"志"，是在阅读、理解、实践他人的文本和思想过程中，不断展开潜在的本性之善的过程。但与现代西方的生存论诠释学不同，孟子并没有要发展个体特殊性的意愿，因此也不能容忍对原文本的"误读"。对先秦儒家来说，能否听懂诗志乐声，是与接受者的心灵或道德修养层次有密切关系的。而老庄的道家思想除了强调要超越形式之外，也都认为接受者的精神能力与所接受的文本密切相关。

其后中国的文学接受理论都是在这个基调上展开，只不过因为不同时代的思想方法不同而有不同的重点。总体来说有两种：一是偏重公共性的理情；一是偏重个体性的兴会。刘勰面对东汉之后儒学礼义衰败、形式之风大盛的时代弊端，力图重塑儒家之文的深刻内涵，在《文心雕龙·知音》中，他提出的阅文先标"六观"，虽然在逻辑上受到汉代象数思维的影响，但也不失为一种系统的总结。从位体、置辞，到通变、

① 中国社会科学院语言研究所词典编辑室.现代汉语词典［M］.修订本.北京：商务印书馆，1978：642.

奇正、事义、宫商，刘勰试图将对立的形式与道义统和在一起，共同作为文学批评的标准。

偏重个体性的方法是在个体心灵觉醒之后，尤其是受到佛教影响，在唐代以后发展起来的。它强调读者心灵的主动性，但在接受目的上仍然是以共同达到大道或精神的最高境界为最终旨归。

在古希腊时期，读者也是处于被教化的地位的。在亚里士多德的《诗学》中，"卡塔西斯（catharsis）"作为悲剧在观众中产生的效果，具有净化和澄清的含义，即通过观众的思考，对其心灵产生指引。虽然读者在此参与了阐释的过程，不过仍然没有其个体的特殊性，卡塔西斯最终是将人的心灵引向一种普遍的道德标准。直到启蒙主义之后，主体的特殊个性才得到重视，如英国批评家燕卜逊在他的《朦胧的七种类型》中不仅对诗人的意图进行了弗洛伊德式的随意解读[①]，而且认为诗歌意义的含混性就在于文本本身的多样性，以及读者对这些多样性的不同把握。

但正面强调读者的作用并且形成系统理论的是 20 世纪 60 年代兴起于德国的接受美学。作为其创始人之一的尧斯，最初试图解决的是文学史的问题。在流行的形式主义文学理论下，文学史是文学形式自身发展的历史，相对封闭；而马克思主义的文学理论则由于过多强调文学的外部因素而忽略了审美的特殊规律。尧斯认为，通过引入读者的视角，可以将审美和历史贯通起来，让"文学史按此方法从形成一种连续性的作品与读者间对话的视野去观察，那么，文学史研究的美学方面与历史方面的对立便可不断地得以调节"[②]。

另一位接受美学的代表人物是伊瑟尔，在他看来，尧斯的接受美学希望重建读者的"期待视野"，以确定特定历史时期的读者品位，而他自己的接受理论是一种审美反应理论，"集中探讨文学作品如何对隐含的读者（implied reader）产生影响，并引发他们的反应。审美反应理论根植于文本之中，而接受美学则产生于读者对作品的判断史。因而，前者本质上是系统化的，而后者从根本上说是历史性的，这两个相互关联的部分构成了接受理论"[③]。虽然接受美学在一定程度上与产生于德国的诠释学无法分开，但按照伊瑟尔的说法，接受美学并非一种依赖于某种哲学的理论，而更多的是针对时代的矛盾冲突产生的。不过应该看到，20 世纪后半期出现的利柯所谓"解释的冲突"并非偶然，这些根植于不同哲学、宗教观念等基础上的解释，正是读者自我个体意识觉醒并诉诸普遍性的社会表征。

如果说接受美学仍然是一种以审美为目的的批评活动，那么马克思对文学的看法则完全超越了文学和审美，他放弃了文学写作和阅读的个人视角，将它们放置在作为整体的社会活动中来看，即生产和消费的视角。应该说，社会作为一个整体是发展个人个体性的前提，马克思所敏锐把握的正是这样的时代倾向。社会中的任何一个主体都不是孤立和封闭的，他们应该是开放和交流的，而遵循何种法则进行精神、艺术交

① 雷纳·韦勒克. 近代文学批评史·第五卷［M］. 杨自伍，译. 上海：上海译文出版社，2002：424.
② 尧斯，霍拉勃. 接受美学与接受理论［M］. 周宁，金元浦，译. 沈阳：辽宁人民出版社，1987：24.
③ 沃尔夫冈·伊瑟尔. 怎样做理论［M］. 朱刚，谷婷婷，潘玉莎，译. 南京：南京大学出版社，2008：68.

流则是马克思主义的"艺术生产"理论所关心的核心。实际上，马克思已经看到，文学接受不应该是孤独地阐释自己（不论是作者还是读者）的立场，而是社会性的交流实践，最终达到人的全面解放。生产和消费是组成社会经济关系的两极，马克思关于生产和消费辩证关系的论述，为我们从社会作为一个整体来看待文学的写作与接受活动提供了基本指导，不仅让文学更多地以一种实践的形态存在着，而且也为解决"解释的冲突"提供了思路。

20 世纪以来，随着生产力的快速提升，西方资本主义社会不论在思想上还是社会构成方面，都发生了翻天覆地的变化，文学活动日益沿着生产和消费的社会化两极展开，不仅如此，处于生产和消费中间环节的传播，其重要地位和作用也逐步突显出来。这些对于传统的以审美为主要目的的文学理论来说，是一个全新的挑战：在文学生产、文学传播、文学消费、文学市场等一系列文学现象的冲击下，描述新的文学观念、文学内部构成机制、作家的地位、文学的社会功能等，都应该带有新的社会学和哲学的视角。

现代图书出版业的快速崛起为文学市场提供了物质基础，同时也改变了传统的写作与阅读方式，将作家与读者用一种更短期、更紧密的方式结合在一起。在题材和体裁上不断推陈出新，文学不仅在内容上与写实的新闻、历史、神话、宗教、科学等交融在一起，而且还创造了诸如非虚构小说、架空小说等新的文学形式，读者的接受目的也从单一的审美演变为多元性、多层次的阅读诉求，在其中，休闲娱乐、社交、猎奇、获得科学或历史知识、神话幻想等和审美交织混杂在一起，成为现代读者的主要追求。

文学市场的诞生意味着文学在现实形态上成为一种商品，文学接受因而变成了文学消费，其社会属性日益突出：文学消费、文化消费不仅逐渐成为人们日常生活不可缺少的组成部分，而且也构成了国家经济的重要产业支柱。文学也不再是一种纯净的、与世无染的精神活动，它所体现的是各种群体、利益集团，以及不同个体之间的社会性的矛盾与冲突。对文学消费现象的深入研究与辨识，不仅有助于我们了解文学在新时代下的社会功能，而且也为我们以什么样的方式、接受什么样的文学提供了参考。

第一节　文学的审美接受

文学的审美接受又称文学欣赏，是以审美为目的的文学阅读。"审美"这个词本身即含有运用观赏者本身主体能动性的意味，不过如前所述，对这一欣赏过程的系统研究是以接受美学展开的。

汉斯·罗伯特·尧斯认为，决定文学历史性的不是一堆被认定为神圣的文学材料，而是读者对于作品接受的动态过程与结果。他几经反复，最终选择了一个已被使用过的观念——期待视野或期待地平线——用来表达读者在阅读与接受过程中的开始状态。在尧斯看来，期待视野是在一定历史时期下，读者自身审美理想、审美趣味等在阅读接受过程中的能动体现，每一个读者都带着自己的期待视野来参与阅读，而这个视野又带有时代与社会环境的烙印。期待视野与作品中所体现的审美倾向的差异，决定了作品被接受的程度与方式，那些与社会中绝大多数人的审美期待视野差异小甚至无差异的，属于通俗作品。而一些带来新的审美感知与审美观念的作品，即作家与读者间审美距离大的作品，则挑战甚至颠覆了许多读者的期待视野。不过由于期待视野不是一成不变的，随着读者被作品的审美观念所改变，他们的期待视野得到了提升，文学也因此完成了其社会功能。

另一方面，作家在创作时，也会不自觉地受到读者期待视野的影响甚至引导，这意味着作家从来都不是在社会和历史之外写作，尧斯进一步说，作家在文学接受所形成的文学史潮流中甚至是被动的，"易言之，后继作品能够解决前一作品遗留下来的形式的和道德的问题，并且再提出新问题"①。这样，通过期待视野的动态历史演进，尧斯将形式化的审美规律发展与社会历史结合在了一起。

从施莱尔马赫承认误读的合理性之后，德国的诠释学一直致力于研究读者对于文本的诠释方式以及所带来的后果，并且越来越突出读者自身的精神特性在理解与解释中的特殊作用。而后起的接受美学与这一传统显然关系密切，如尧斯所使用的"前理解"一词，就来自海德格尔的《存在与时间》。虽然如此，尧斯认为他与生存论诠释学，尤其是与伽达默尔的理论有着明显的不同，后者是在所谓人文精神领域中运行其诠释学方法的，在伽达默尔那里，理解与解释的最终目的都在于读者自身的存在意义的展开，而这样的逻辑与目的仅仅是尧斯认定的诸多期待视野或思想范式中的一种。他说："伽达默尔所死守的古典主义艺术的概念，这种艺术在超出其根源即人文主义之后，已无法成为接受美学的普遍基础。这是一种理解为'认识'的'模仿'概念。"②这种起源于古希腊的模仿自然的观念，仅对于人文主义时期的艺术有效，但无论与中世纪，还是现代的形式艺术都没有关联。可以看到，尧斯所设想的接受美学，是一种建立在经验基础上的、试图涵盖一切文学的审美接受史演变的学说。

如果说尧斯关注的是读者对文本做出的审美反应的话，那么另一位接受美学的重要人物沃尔夫冈·伊瑟尔则关注的是文本：一个文本能使读者做出什么样的反应。伊瑟尔将现象学的方法引入到文学阅读过程中来，他把文学阅读分为作品结构与接受者两极，认为文学文本的具体化过程便是二者的相互作用，在这个过程中，作者本义的一极是艺术，读者的一极是审美，最终生成的文学文本并不存在于两个极的任何一个，而是二者之间的相互作用。

伊瑟尔认为，文学文本中总是结构性地存在着大量没有实际写出来或明确写出来的东西，他称之为"未定性"。"未定性来自文学的交流功能"，包括两个基本结构：空白和否定。空白是文本中不同结构段落间的连接断裂，最常见的是情节转移，它是指文本整体系统中存在的空缺，是在文本中各图式间已经联结起来，或想象客体已经形成之后产生的新的联结需求。空白会触发读者的想象活动，去补充空白带来的含混性，"当图式和视点被联为一体时，空白就'消失'了"③。因而，空白的存在及其与读者的

① 尧斯，霍拉勃．接受美学与接受理论［M］．周宁，金元浦，译．前印书，40.
② 同①：39.
③ 伊瑟尔．阅读活动——审美反应理论［M］．北京：中国社会科学出版社，1991：220.

相互作用，决定着文本模式的生成。不仅如此，对于那些意识清醒的读者来说，填补文本的空白可能带来的是一场自我批判。

否定是一种更加难以填补的空白，它产生于读者意识到自己已有的、可供选择的阅读范式的无效，并且无法提供有效的新范式，如我们对文本所涉及的历史或社会问题毫无经验，发现自己用于理解文本的那些熟悉的标准并不起作用，于是开始"否定"这些曾经的标准。"这种否定在阅读过程的范式之轴上产生了一个动态的空白，因为这种无效状态意味着缺乏可供选择的标准。"① 否定迫使那些对此有清醒意识的读者去发现否定所暗含的特殊倾向或文本态度。它类似于尧斯所说的作品对读者期待视野的改变，只不过是确定在阅读范式层面而已。

可以看出，尽管尧斯试图走出诠释学的人文主义立场，但接受美学对读者的设定仍然是启蒙式的，他们都认为读者作为一个孤独个体，可以凭借其自身的理性能力与审美能力，单纯地在阅读过程中不断发现客观世界，反省自我，甚至提升自我。实际上，读者通过阅读能够获得的只有知识、观念和世界图式之类的想象，而无法改变其自身的主体局限性。在缺乏真实社会实践与社会交往的环境中，读者只能强化其审美立场，并将他人的审美经验转化甚至扭曲成自己的审美反应。

欧洲接受美学的风潮影响了美国的文学批评界，出现了"读者反应运动"。在此之前，美国的文学批评是以新批评为主的形式批评，随着欧洲学者与美国学者的对话与交流，他们以读者为中心的思想逐渐占据了美国文学批评的主流。1980 年，简·汤普金斯编辑了《读者反应批评》一书，收集了与该思想有关的具有代表性的论文。此后，人们便将这一批评思潮称为"读者反应批评"。

实际上，读者反应批评是一场松散的思潮，内部并没有统一的理论和主张，其中可以大致分为三个主要方向：以伊瑟尔与斯坦利·费什为代表的"读者反应批评"，强调现象学的理论基础；以乔治·普莱为代表的"意识批评"，偏重读者对作者意识的重塑以及对自我意识方式的反思；以 N. 霍兰德为代表的"布法罗批评学派"，是以精神分析、主体投射等为其理论方法的。

强调读者立场的文学审美接受理论，在其后发生了深远的影响，我国当代的文学理论也认为文学不仅仅是作者创造出来的文本，也是一个集创作活动、文本以及读者接受为一体的综合体，只有被读者接受了的文学才是完整意义上的文学。

【原典选读】

大方无隅，大器晚成，大音希声，大象无形。

——老子道德经注校释·四十一章 [M]．北京：中华书局，2008：112 - 113.

《咸池》《九韶》之乐，张之洞庭之野，鸟闻之而飞，兽闻之而走，鱼闻之而下入，人卒闻之，相与还而观之。鱼处水而生，人处水而死。彼必相与异，其好恶故异也。

——庄子注疏·至乐 [M]．北京：中华书局，2011：338.

夫篇章杂沓，质文交加，知多偏好，人莫圆该。慷慨者逆声而击节，酝藉者见密

---

① 伊瑟尔．阅读活动——审美反应理论 [M]．北京：中国社会科学出版社，1991：255.

而高蹈；浮慧者观绮而跃心，爱奇者闻诡而惊听。会己则嗟讽，异我则沮弃，各执一隅之解，欲拟万端之变：所谓东向而望，不见西墙也。

凡操千曲而晓声，观千剑而后识器；故圆照之象，务先博观。阅乔岳以形培塿，酌沧波以喻畎浍，无私于轻重，不偏于憎爱，然后能平理若衡，照辞如镜矣。是以将阅文情，先标六观：一观位体，二观置辞，三观通变，四观奇正，五观事义，六观宫商，斯术既形，则优劣见矣。

——刘勰．文心雕龙·知音［M］//范文澜．文心雕龙注（上）．
北京：人民文学出版社，1958：714 - 715.

以物喜物，以物悲物，此发而中节者也。

不我物，则能物物。

任我则情，情则蔽，蔽则昏矣。因物则性，性则神，神则明矣。潜天潜地，不行而至，不为阴阳所摄者，神也。

以物观物，性也；以我观物，情也。性公而明，情偏而暗。

——邵雍．观物外篇·下之中［M］//邵雍集．北京：中华书局，2010：152.

夫诗有别材，非关书也；诗有别趣，非关理也。然非多读书，多穷理，则不能极其至。所谓不涉理路，不落言筌者，上也。诗者，吟咏情性也。盛唐诸人惟在兴趣，羚羊挂角，无迹可求。故其妙处透彻玲珑，不可凑泊，如空中之音，相中之色，水中之月，镜中之象，言有尽而意无穷。

——严羽．沧浪诗话·诗辨［M］．北京：人民文学出版社，1961：26.

代替那存在着阶级和阶级对立的资产阶级旧社会的，将是这样一个联合体，在那里，每个人的自由发展是一切人的自由发展的条件。

——马克思，恩格斯．共产党宣言［M］//马克思恩格斯选集：第 1 卷．
北京：人民出版社，1995：294.

第二节　文学生产与文学消费

文学生产的观念是伴随着社会化大生产的日益扩大化而出现的，在很长的时期内，马克思论述生产与消费辩证关系的理论为我们理解 19 世纪末、20 世纪以来的文学变化提供了新的视野和思路。

马克思认为在理想的社会生产活动中，生产与消费是一对直接互相作用的因素，它们不仅直接对对方，而且也经由各种中间环节互相决定、互相生产着。然而当商品社会出现后，生产与消费之间增加了流通环节，生产和消费的物品因此也不能再作为特殊的、具有使用价值的物品而存在了，相应地，它们以一种抽象物的状态存在，即商品。随着资本主义社会化大生产的扩张，流通和分配环节日益演变成一个起决定作用的环节，成为生产和消费的主导者。正如马克思所觉察到的，作家不再为自己和读者写作，他们更多地为书商写作；他们不再关注自己作品的特殊含义，取而代之的是对其金钱价值，即抽象的普遍价值的追求。

文学成为一种"艺术生产"的形式，是文学在自己漫长的发展过程中所发生的一次意义最为深刻的变化，是文学的现代性转型。

文学成为一种"艺术生产"形式的确切内涵是指，以现代图书出版业的出现为标志，文学的创作者——作家由原来的纯粹意义上的精神成果的创造者演变为现代意义上的作家，即从事"直接同资本交换的劳动"的"生产劳动者"；而文学的成果——作品则成为一种满足广大读者多元的精神需求、在图书市场上待价而沽的商品。这样，文学便兼具了上层建筑和经济基础的双重性质，成为融文化科学技术、工业、商业等为一体的"文化产业"的一个重要组成部分。

文学成为一种"艺术生产"形式是以现代图书出版业的出现为标志和前提的，而严格意义上的现代图书出版业，即以活字印刷为基本手段，在短时间内大量复制和迅速发行传递书籍，产生广泛而巨大的社会影响，这种性质的社会生产部类或行当的产生却为时甚晚。据美国出版史研究的权威德索尔的考证，在西欧，它的正式创始应当是在18世纪启蒙运动的大百科全书编著时代，而成熟则是在19世纪以后，在中国，现代图书出版业的出现和趋于繁荣更晚一些，是19世纪末20世纪初的事情。

文学成为一种"艺术生产"形式，即文学生产，给文学的接受带来了巨大而深刻的影响。

首先，是文学的空前大普及，使文学成为人们的闲暇生活方式的重要组成部分，成为精神生活的重要内容，文学的社会功能从来没有像今天这样得到广泛、深入的发挥。

其次，是文学接受由传统的审美中心、审美至上向精神需求的多元化、多层次的转变，文学越来越成为一本大书，每个人都可以从中找到适合于自己的那一页。

最后，则是文学接受的需求的变化，使得文学的观念泛化，出现了文学与历史、文献、科学、新闻、教育等相融会的现象，通俗文学、文献小说、新新闻小说、全景文学等新的文学样式、品种如雨后春笋，层出不穷。而文学观念的这些变化和实践，反过来又强化和深化了文学接受的需求的变化，形成一种良性循环、提升的机制，成为推动文学发展变化的深刻而强大的内部动力，这已越来越成为我们观察文学重要的、不可或缺的视角。

但是，文学成为艺术生产的同时也受控于资本的操作之下，造成人的深度异化。西方马克思主义的法兰克福学派就对此进行了大量的研究和批判，代表人物是霍克海默、阿多诺、马尔库塞等。其中，阿多诺以对文化工业的批判揭示了资本对传统文学的危害，他认为当代的文学生产已经转变为社会化大生产式的，私人企业与国家行政结合起来，给人们营造了文化繁荣、社会化生产与个体微观需求之间和谐发展的假象，将他们本不需要的文化产品经过产业的包装贩卖给他们，同时也削弱了人们的反思能力和意识。马尔库塞和弗洛姆都从现代精神分析中获得了批判资本主义文化生产的灵感，不同的是，马尔库塞是从社会学视角出发，指出大众文化和商业文化的同质化是资本主义压抑人的新方式，它带来的是社会与人的单向度。马尔库塞倡导通过诗歌激发人内心深处的、保持生命更大统一的爱欲冲动，来抵抗死亡与攻击性的死欲冲动，前者通过经典的文学作品表达出来，而后者则表现为社会的生产性原则。弗洛姆则更多地从个体与心理学层面出发，强调资本主义社会对人的异化。

随着资本主义社会的深入发展，生产过剩的矛盾日益加剧，到了 20 世纪中期，一些主要的发达资本主义国家纷纷采纳"福特主义"，通过支付工人更多的工资以及给予他们更多的闲暇时间来改善劳资矛盾，但其最终后果是导致了大规模的消费活动。消费社会出现的原因是多方面的，除了将工人从劳动力转化为消费力，凯恩斯主义的国家干预和福利国家制度，也导致了生产、流通、消费以及再分配等领域的同质化、有序化的结果，避免了经济活动中各领域无序状态带来的冲突恶果。与此同时，为了完成这一同质化的序列，物品必须被进行社会性的"编码"，因此在消费社会中，商品不再仅仅具有使用价值与价值的双重性，而且还被附加上了符号价值。通过将传统的、当下的文化符号化，符号价值连通了现实的社会等级结构与大规模的商品生产活动。

消费社会的这种符号价值特征深刻影响了文学的接受，人们购买文学作品不再单纯是为了阅读，也可能是通过购买而炫耀自己的社会地位，而无须阅读。阅读的目的也不再单一地限制在审美上，社交、娱乐、时尚、猎奇，甚至打发时间，都可以成为阅读的理由。另一方面，文学也以一种从未有过的广度在大众之中普及开来，阅读成了人们生活中一个重要的组成部分。文学也从以前那种消极的生产产品，变成了生产甚至社会的引导者，作品中虚构出的甚至是设计出来的场景、观念、人际关系、风尚等，成为人们竞相模仿的对象，虚构与现实通过符号价值系统融合在一起。法国学者鲍德里亚对消费社会的批判是深刻而悲观的，他运用符号学理论改造了马克思的政治经济学，指出消费社会对文化的根本来源，即人的感性生活的架空的危险。在《消费社会》一书的结尾他谈到，当国家权力、生产、市场与社会文化彻底同质化之后，人们其实只能诉诸一种无缘由的暴力。在他看来，这种同质化是通过取消商品的使用价值，将商品价值符号化，以及符号化之后的价值社会等级化一系列过程来完成的。按照这一逻辑，符号系统生产或指派出来的需求，取代了人们"真正的"自然需求，国家化甚至全球化的资本绑架了个体的自由意志。可以说，鲍德里亚的这种观点与法兰克福学派的批判都是站在启蒙立场上对文化消费现象的审视。

我们看到，诚如启蒙批判者们所言，文化消费产生于资本的同质化运程；但另一方面，通过消费，文化也给人们带来了新的生活体验，随着互联网的发展，这种体验越来越多地呈现出交往性、非封闭性、主动性的特点，文学的形式也越来越多样化，每个人都可以参与到写作中去，写作的篇幅越来越短小、越来越需要他人的关注，等等。这意味着我们开始从启蒙主体那种封闭、偏执、忧郁的自我中走出来，抛弃了一部小说即一个世界的自闭带来的深度；同时每个人既有坚持自我的自由，也并非仅仅从自我出发、以自我标准来衡量周围以至世界，文学更多地成了交往的媒介，潜移默化地改变着启蒙主体。

【原典选读】

从资本主义生产的意义上说，生产劳动是雇佣劳动，它同资本的可变部分（花在工资上的那部分资本）相交换，不仅把这部分资本（也就是自己劳动能力的价值）再生产出来，而且，除此以外，还为资本家生产剩余价值。仅仅由于这一点，商品或货币才转化为资本，才作为资本生产出来。只有生产资本的雇佣劳动才是生产劳动。（这就是说，雇佣劳动把花在它身上的价值额以增大了的数额再生产出来，换句话说，它归还的劳动大于它以工资形式取得的劳动。因而，只有创造的价值大于本身价值的劳动能力才是生产的。）

——马克思. 1861—1863 年经济学手稿［M］//马克思恩格斯全集：第 33 卷.

北京：人民出版社，2004：136.

生产劳动者的劳动能力，对他本人来说是商品。非生产劳动者的劳动能力也是这样。但是，生产劳动者为他的劳动能力的买者生产商品。而非生产劳动者为买者生产的只是使用价值，想象的或现实的使用价值，而决不是商品。非生产劳动者的特点是，他不为自己的买者生产商品，却从买者那里获得商品。

——马克思. 1861—1863 年经济学手稿［M］.马克思恩格斯全集：

第 33 卷. 北京：人民出版社，2004：145.

关于艺术，大家知道，它的一定的繁盛时期决不是同社会的一般发展成比例的，因而也决不是同仿佛是社会组织的骨骼的物质基础的一般发展成比例的。例如，拿希腊人或莎士比亚同现代人相比。就某些艺术形式，例如史诗来说，甚至谁都承认：当艺术生产一旦作为艺术生产出现，它们就再不能以那种在世界史上划时代的、古典的形式创造出来；因此，在艺术本身的领域内，某些有重大意义的艺术形式只有在艺术发展的不发达阶段上才是可能的。

——马克思. 政治经济学批判•导言［M］//

马克思恩格斯选集：第 2 卷. 北京：人民出版社，1995：28.

成为希腊人幻想的基础，从而成为希腊（艺术）的基础的那种对自然的观点和对社会关系的观点，能够同走锭精纺机、铁道、机车和电报并存吗？在罗伯茨公司面前，武尔坎又在哪里？在避雷针面前，丘比特又在哪里？在动产信用公司面前，海尔梅斯又在哪里？任何神话都是用想象和借助想象以征服自然力，支配自然力，把自然力加以形象化；因而，随着这些自然力实际上被支配，神话也就消失了。……因此，决不是这样一种社会发展，这种发展排斥一切对自然的神话态度，一切把自然神话化的态度；因而要求艺术家具备一种与神话无关的幻想。

从另一方面看：阿基里斯能够同火药和铅弹并存吗？或者，《伊利亚特》能够同活字盘甚至印刷机并存吗？随着印刷机的出现，歌谣、传说和诗神缪斯岂不是必然要绝迹，因而史诗的必要条件岂不是要消失吗？

……希腊人是正常的儿童。他们的艺术对我们所产生的魅力，同这种艺术在其中生长的那个不发达的社会阶段并不矛盾。这种艺术倒是这个社会阶段的结果，并且是同这种艺术在其中产生而且只能在其中产生的那些未成熟的社会条件永远不能复返这一点分不开的。

——马克思. 政治经济学批判•导言［M］//

马克思恩格斯选集：第 2 卷. 北京：人民出版社，1995：28 - 30.

旧社会的一切关系脱去了神圣的外衣，因为它们变成了纯粹的金钱关系。

同样，一切所谓最高尚的劳动——脑力劳动、艺术劳动等——都变成了交易的对象，并因此失去了从前的荣誉。全体牧师、医生、律师等，从而宗教、法学等，都只是根据他们的商业价值来估价了，这是多么巨大的进步啊。

——马克思. 工资［M］// 马克思恩格斯全集：第6卷.
北京：人民出版社，1961：659-660.

于是，资本就违背自己的意志，成了为社会可以自由支配的时间创造条件的工具，使整个社会的劳动时间缩减到不断下降的最低限度，从而为全体［社会成员］本身的发展腾出时间。但是，资本的不变趋势一方面是创造可以自由支配的时间，另一方面是把这些可以自由支配的时间变为剩余劳动。如果它在第一个方面太成功了，那么，它就要吃到生产过剩的苦头，这时必要劳动就会中断，因为资本无法实现剩余劳动。

这个矛盾越发展，下述情况就越明显：生产力的增长再也不能被占有他人的剩余劳动所束缚了，工人群众自己应当占有自己的剩余劳动。当他们已经这样做的时候——这样一来，可以自由支配的时间就不再是对立的存在物了，那时，一方面，社会的个人的需要将成为必要劳动时间的尺度；另一方面，社会生产力的发展将如此迅速，以致尽管生产将以所有的人富裕为目的，所有的人的可以自由支配的时间还是会增加，因为真正的财富就是所有个人的发达的生产力。那时，财富的尺度决不再是劳动时间，而是可以自由支配的时间。以劳动时间作为财富的尺度，这表明财富本身是建立在贫困的基础上的，而可以自由支配的时间是同剩余劳动时间相对立并且是由于这种对立而存在的，或者说，个人的全部时间都成为劳动时间，从而使个人降到仅仅是工人的地位，使他们属于劳动。

——马克思. 经济学手稿（1857—1858年）：下册 ［M］// 马克思恩格斯全集：
第46卷下. 北京：人民出版社，1980：221-222.

节约劳动时间等于增加自由时间，即增加使个人得到充分发展的时间，而个人的充分发展又作为最大的生产力作用于劳动生产力。从直接生产过程的角度来看，节约劳动时间可以看作生产固定资本，这种固定资本就是人本身。

——马克思. 经济学手稿（1857—1858年）：下册 ［M］// 马克思恩格斯全集：
第46卷下. 北京：人民出版社，1980：225.

正是由于这种工业革命，人的劳动生产力才达到了相当高的水平，以致在人类历史上破天荒第一次创造了这样的可能性：在所有的人实行明智分工的条件下，不仅生产的东西可以满足全体社会成员丰裕的消费和造成充足的储备，而且使每个人都有充分的闲暇时间去获得历史上遗留下来的文化——科学、艺术、社交方式中一切真正有价值的东西；并且不仅是去获得，而且还要把这一切从统治阶级的独占品变成全社会的共同财富并加以进一步发展。

——恩格斯. 论住宅问题 ［M］// 马克思恩格斯选集：第3卷.
北京：人民出版社，1995：150.

当社会成为全部生产资料的主人，可以在社会范围内有计划地利用这些生产资料的时候，社会就消灭了迄今为止的人自己的生产资料对人的奴役。不言而喻，要不是每一个人都得到解放，社会也不能得到解放。因此，旧的生产方式必须彻底变革，特别是旧的分工必须消灭。代之而起的应该是这样的生产组织：在这个组织中，一方面，任何个人都不能把自己在生产劳动这个人类生存的自然条件中所应参加的部分推到别人身上；另一方面，生产劳动给每一个人提供全面发展和表现自己全部即体力的脑力的能力的机会，这样，生产劳动就不再是奴役人的手段，而成了解放人的手段。因此，生产劳动就从一种负担变成一种快乐。

——恩格斯. 反杜林论 ［M］// 马克思恩格斯选集：第 3 卷. 北京：

人民出版社，1995：644.

在劳动生产率这样增长和商品不断越来越充裕的基础上，开始了一种对人们的意识和下意识的操纵和摆布，这已经成为近代资本主义最必不可缺少的控制结构之一。新的需要被一次又一次地渲染起来，煽动人们去购买最新的商品，使他们相信自己确实需要它们，而这种需要可以从这些商品中得到满足。这样造成的结果就是：人们完全拜倒在商品拜物教之前了……

——马尔库塞，等. 革命还是改良 ［M］. 帅鹏，译.

北京：外文出版局，1979：54.

人民在他们的商品中识别出自身；他们在他们的汽车、高保真音响设备、错层式房屋、厨房设备中找到自己的灵魂。那种使个人依附于他的社会的根本机制已经变化了，社会控制锚定在它已产生的新需求上。

——马尔库塞. 单间度的人 ［M］. 张峰，等，译.

重庆：重庆出版社，1988：9.

高生产和高消费处处都成了最终目的。消费的数字成为进步的标准。结果，在工业化的国家里，人本身越来越成为一个贪婪的、被动的消费者。物品不是用来为人服务的，相反，人却成了物品的奴仆，成了一个生产者和消费者。

——弗洛姆. 在幻想锁链的彼岸 ［M］. 张燕，译. 长沙：

湖南人民出版社，1986：174.

现代资本主义社会，把人贬斥到成为机器的附件，被它的节奏与需求所统治。它把人变成消费机器，变成彻底的消费者，它唯一的目标就是拥有更多的东西，使用更多的东西。这一个社会制造了许多无用的东西，也同样制造了许多无用的人。人，由于成了生产机器上的一个齿轮上的齿，他已经变成了一件东西，而不再是人。他把他的时间花费在做他所不感兴趣的事情上，伴着他所不感兴趣的人，制造他不感兴趣的东西。而当他闲着的时候，他就去消费，他是一个张着大嘴的永恒吸乳儿，不用花多大力气，把工业所强迫他接受的东西——香烟、酒、电影、电视、体育运动、文章，一古脑儿地"装进来"。

——黄颂杰. 弗洛姆著作精选 ［M］. 上海：上海人民出版社，1989：477-478.

消费的过程应该是一种有意义的、有人性的、有创造性的体验。但是在我们的文化中，这一点是太少了。消费在本质上仅仅是对人为的刺激所激起的怪诞的满足，仅仅是一种和我们具体的、真正的自我相异化的离奇想象的把戏。

——弗洛姆. 孤独的人：现代社会中的异化 ［J］.

哲学译丛，1981（4）：71.

国家的职能是为健康的消费确定种种规范，以反对病态的、低质量的消费……

……我们有必要确定哪些需求根源于我们的有机体；哪些需求则是文化发展的产物；哪些又是个人成长的体现；哪些需求是人为的，是由工业社会强加给个人的；哪些需求"使人积极进取"；哪些需求"使人消极颓废"；哪些是由病理决定的，哪些则根源于精神的健康。

政府可以通过给予令人满意的商品的生产和服务设施以补贴的办法来大大推进这一教育过程，同时要开展一场大规模的宣传健康消费的教育运动来配合这些努力。可以预料，只要各方共同努力，激起人们健康消费的欲望，消费模式是可以改变的。

——黄颂杰．弗洛姆著作精选［M］．上海：上海人民出版社，1989：647－648．

如何说明艺术中的"基础"与"上层建筑"的关系，即作为生产的艺术与作为意识形态的艺术之间的关系，依我看来，是马克思主义批评当前面临的最重要的问题之一。

——特里·伊格尔顿．马克思主义与文学批评［M］．文宝，译．
北京：人民文学出版社，1980：81．

第三节　文学传播

和读者接受活动一样，传播在文学中的独立作用也是到了 20 世纪才显现出来的。在文字发明以前，很多民族的文学都是以口头形式传承的，为此人们发明了音韵来方便记忆。即使是在文字发明之后，由于书写器具的稀少和不便，书写出来的文章也相对简练、抽象。

实际上，直到印刷术，尤其是活字印刷术发明前后，文学都主要是以口头传播和手抄书写为主。在口头传播的过程中，每一个接受者都可能成为下一个文学作品的讲述者，也不可避免地在讲述的时候带上自己的色彩甚至发挥创造。他们所注重的传播效果是听众的兴趣，而非对最初作者原意的还原。在柏拉图的《伊安篇》中，伊安作为讲述荷马史诗最出色的年轻人，能够比其他人讲得好，也说明了在口头传播过程中，讲述者有着自己的发挥空间。即使是有了文字之后的手抄文学，也会在传抄过程中出现抄写者对原文字句的改动，这些改动往往是由于字迹不清，传抄者加上自己的理解之后的产物。

西方现代印刷术发明以来，在 19 世纪与机器工业结合，大大提升了印刷的质量和数量，使文学传播向大众传播转变，将作者、传播者与读者分别置于社会化大分工的不同环节，各自独立，同时又密切关联。印刷媒介的出现，杜绝了文字的变动，使得作者的权威大幅度提高。同时，读者也不再是少数能够接触到作品和作者的人，他们数量众多，互相不认识，却能通过印刷的作品及时接触到作者的文学思想，这使得一位作家、一部作品能够在短时期内影响社会上大多数受众得以可能，也正因为如此，文学才发挥了前所未有的集体性的社会功能。在这样的印刷媒介的影响下，作者的思想向着社会和人生的两个维度深入展开，文学的审美性达到了一个新的人类全体的高度，作者也变身为最高的权威者与审判者。这种倾向在法国浪漫主义、现实主义小说那里尤其明显。

然而，如上节所述，随着社会经济一体化的要求，文学生产的一极不再具有权威性，相应地，文学传播在协调文学生产与文学消费中扮演着日趋重要的角色：一方面不断加速为读者提供他们所无法想象到的新需求，一方面也将读者的需求和时尚的要求反馈到作者那里，形成新型的文学市场。此时，作者的权威性不仅受到了来自文学市场的挑战，也受到了作者自身的质疑，即作为主体的作者的有限性。

本雅明是一位试图描绘时代转变的思想家，在他的思考和观察中，口头传播的讲故事、印刷媒介时代的小说，以及当代的新闻，有着非常不同的表达形式，也因此有着完全不同的接受内容和接受效果。在他看来，讲故事传播的是个人经验，对接受者来说，需要的不是思考和结论，而是对故事内容的感受，这是一种代代传承的对世界和生活的经验。小说作为单个个体对世界整体深入体察和思考的结果，它本身就是深广的，它并不需要读者接受它的结论，而是启发读者自身对世界的思考。新闻作为一种现代信息交流的产物，已经远远超出了其具体的行业模式，体现出了现代交流形式的基本特征，即关注周围的生活，并对一切所发生的现象提供解释。新闻所呈现出的碎片化陈述与体系化解释的矛盾性，与观念化文学、体验文学、类型化文学等，存在着深层的一致性。它们都假定读者具有独立的人格和思想能力，并为读者提供相应的生活片段与现象，虽然这些现象已经被作者以自己的方式解读过了。因此，通过信息的方式，文学呈现出的是一种复杂的、以个体为单位的社会化交流。

近年来，随着新型媒介互联网的普及，文学的传播模式继续向社会交往转变，一些新的创作形式也应运而生，如超文本小说、同人小说，甚至博客文学、微博文学等，模糊了作者与读者的界限。互联网作为传播媒介，其链接、搜索等功能，为文学阅读提供了极大的便捷。同时其高速更新的速度也给作者的写作造成了巨大的压力，一位单独的作者往往很难在短时期内完成大量的文字写作，即使能够完成，也难以长期维持下去，由此造成了作品质量低下、文字粗糙的现象。面对这种市场的需求，文学创作出现了团队写作、作者微博化的趋势，甚至为了保持与受众读者的频繁联系，作者走出文学参与了社会文化生产的其他门类。

在新的文学传播方式之下，文学所扮演的社会角色不再是宣传而是交流，无论是作者还是读者，都不再只关注自身，他们在写作和阅读之前就关注着对方，并通过对方关注着整个社会。可以说，读者通过互联网，能够随时关注到世界范围内文学的新变动，跟踪一个甚至一类作家的思想进展，让读者从原来对单一作者的审美迷恋中解放出来，真正感知到世界的文学。

【原典选读】

火药、指南针、印刷术——这是预告资产阶级社会到来的三大发明。火药把骑士阶层炸得粉碎，指南针打开了世界市场并建立了殖民地，而印刷术变成新教的工具，总的来说变成科学复兴的手段，变成对精神发展创造必要前提的最强大的杠杆。

——马克思.经济学手稿（1861—1863年）[M]//马克思恩格斯全集：第47卷.北京：人民出版社，1979：427.

新的大众传播手段代表了一个重大的技术进展。最古老的，然而至今仍然是最重要的传播技术是印刷；印刷本身就经历了多次重大的技术变革，特别是 1811 年以蒸汽为动力的印刷机的出现，以及 1815 年发展起来的更加快速的滚筒机和轮转机。公路、铁路、海空交通的重大发展对印刷也产生了巨大的影响；既加快了新闻的搜集，又使印刷品的分送更加广泛更为迅速。电缆、电报和电话服务的发展更是方便了新闻的收集。后来又出现了新的传播媒介：广播、电影和电视。

这些大家所熟悉的事实因素产生了"大众传播"的观念；如果我们要能够充分地考察这个观念，我们必须首先详细地考虑这些因素。总的来看，这些变化为我们提供了更多的，而且通常是更廉价的书籍、杂志和报纸，提供了更多的招贴广告和海报，更多的广播和电视节目以及各种电影……我要提出的问题是："大众传播"的观念是不是一个有助于进行价值判断的公式。

——雷蒙德·威廉斯. 文化与社会 [M]. 吴松江，等，译.

北京：北京大学出版社，1991：379-380.

复习思考题

1. "文学接受"包括哪几个主要方面的内容？
2. 如何看待文学的现代生产机制对文学接受的影响和制约？
3. 如何理解读者在文学审美接受过程中的"能动作用"？
4. 如何理解诠释学所说的"误读的合理性"？
5. 文学生产与消费涉及哪些重要环节和制约因素？
6. 如何理解文学消费"符号化"的趋势？
7. 如何理解文学在消费社会中成为"交往媒介"的现象？
8. 文学的传播媒介经历过哪些重要的发展阶段和变化？
9. 印刷技术的普及对文学传播产生过哪些重要影响？
10. 如何看待新媒体的发展对文学传播的影响？

第五章
文学阐释论

概|述|

文学阐释是对文学现象的分析与评价，是对文学意义的揭示。它既有对审美经验的分析，又有理性的认识和提升。在文学研究中，文学阐释是不可缺少的，它既能够发掘作品的意义和价值，又能够引导文学创作和读者欣赏，同时文学作品通过阐释不断释放其人文价值，从而促进社会文化的进步。

在 20 世纪以前，文学阐释就已经存在，中国的《诗大序》《文心雕龙》《诗品》《沧浪诗话》等著述，西方的亚里士多德的《诗学》、贺拉斯的《诗艺》、郎吉努斯的《论崇高》、黑格尔的《美学》等著作，皆是文学阐释的经典之作。但是，这些著述在古代比较少，还没有具备系统的文学理论和文学批评的学科形态。在传统社会中，文学现象总是与社会共同体有机统一的，人们不需要批评家和理论家的阐释。随着现代学科意识的出现，哲学、美学、伦理学、社会学等学科形态开始出现，文艺创作领域也开始走向成熟，文学的自律性意识开始成为一项深思熟虑的工程。随着文艺创作自律性意识的发展，文学开始脱离现代日常生活而形成一块"飞地"，作品越来越抽象、深邃、个体化，人们难以理解。人们渴求对文学作品的意义、价值、合理性进行说明，文学阐释成为必然。

在 20 世纪以前，文学阐释虽然获得了发展，但与文学创作相比，却是低下的，作家的创作和作品的声名远远高于文学批评家与理论家，因此文学理论和批评仍旧没有获得独立的学科意识，要么成为哲学、美学的附庸，要么就只是文学作品的附庸。20世纪以来，这种局面发生了巨大变化。文学理论和批评风起云涌，争相斗艳，获得了长足的发展，逐步形成了自律性的学科。它们获得了独立存在的资格，在各大学和研究机构有大批专门阐释文学作品、探讨文学理论的相对稳定的学者群体，有不少文学理论和批评的学术阵地，有规范的培养文学理论专业学生的学位制度，尤其是出现了众多有意识阐释文学作品的流派和主张。文学理论与批评的自律性的发展，促进了文学理论与批评学科的迅猛发展，涌现了许多很有价值的著述，甚至达到了与文学创作并驾齐驱的地步。同时，学科自律的形成也导致了文学理论、文学批评与文学创作活动脱节的现象，双方似乎各自沿着自己的道路前进，难以找到共同语言。这是文学阐释自律性发展所付出的代价。

文学阐释是对文学作品的批评性分析，它与文学理论息息相关。文学理论建立在具体的文学作品、对文学活动的批评基础之上，并反过来为文学批评提供理论资源。它是文学批评的新突破，是对文学的新分析和理解的关键因素，也有助于检验文学批评的合法性与价值有效性。文学批评往往立足于一定的理论基础之上，如刘勰的文学阐释与《周易》的关联，朱熹的诗经批判与其理学思想的关联，李泽厚的文艺阐释与其哲学美学的关联。西方更为昭然，如现象学文学批评立足于胡塞尔的现象学哲学以及现象学美学的基础之上。文学阐释的理论性也是有意识地推进的，如英美新批评是一种分析文学作品的方法，但它却超越了纯粹的文学分析方法，形成了自身的理论形态，有着自身的概念和术语、规范模式与操作策略。德里达的解构主义文学批评超越了纯粹的文学批评而不断向哲学、美学理论延伸。许多文学批评事实上就是其文学理论的实践。由于文学批评与文学理论彼此交织、相互渗透，20世纪的文学阐释显得复杂、抽象，并且不断从语言学、社会学、人类学、心理学等学科中挪用概念和术语，所阐释的文本具有多方面意义，而不像以往的文学阐释那样单纯、明白、易懂。

随着文学理论和批评的自律性学科意识的形成，文学阐释的方法或模式逐渐走向多元化，新的文学阐释陆续出现，进而很快发展为相反的模式，这构成了20世纪以来文学阐释的复杂局面。面对文学现象的事实，不同的理论家得出了关于文学本质的不同认知，对文学本质的认知又进一步影响到看待具体文学现象的不同方式。因此，在20世纪的文学阐释中，作家、文本、读者、世界不仅成为思考文学本质的视点，而且也成了文学阐释的不同视点，从而形成不同的阐释模式。具体地说，有侧重于作家与传统关系的象征主义批评、精神分析心理学批评；有侧重于语言、文本、形式、结构的形式主义批评、新批评、结构主义批评；有侧重于读者的读者反映批评、阐释学批评、接受美学的文学批评；有侧重于社会文化、政治、民族、性属等元素的社会批评、历史批评、意识形态批评、后殖民批判、女性主义文学批评等。即使从同一视点来阐释文学作品，也有各种不同的批评方法。譬如，对作家的批评有采用传记式批评的，有采用创作心理学批评的，也有采用世界观批评的。尤其是在当代的文学阐释中，随着人们对传统的文学阐释模式的质疑，一些新方法不断涌现，诸如他者批评、流散者批评、超性别批评、酷儿批评等。各种阐释方法不仅形成了一系列的理论，有着自身的阐释符码与关键词语，而且对具体文学作品也进行了详细的解读。正是这些多样的阐释模式从不同角度挖掘出了作品的价值与意义，甚至挖掘出了以往没有发现的意蕴，从而大大丰富了文学活动。文学阐释对文学发展和人文价值的张扬所做出的贡献是不容抹杀的。

文学的不同阐释方式都有自身的优势，但也有其局限性。通常的情况是，一种方法可以弥补另一种方法的不足。譬如，社会历史方法的优点在于认识到形成文学现象的社会文化因素，可以从宏观的背景看待文学现象的精神价值与意义，但是它容易忽视文学作品本身的审美性质；而文本批评强调对文学作品的语言、结构、形式等文学性方面的分析，则可以弥补社会历史批评的不足；社会历史批评强调外在的社会文化因素与文学现象的关系，而心理批评则借助 20 世纪各种心理学、精神分析学理论可以直接触及最内在的隐蔽世界和动机，打开作者创作心理和作品人物心理的新大陆。事实上，在当代众多的文学阐释中，单一的文学阐释模式已经不被人们所看重，而表现出多种阐释模式的综合运用，尤其是出现了文本批评、社会文化批评和心理批评相结合的阐释模式。英国文学批评家和理论家伊格尔顿、美国文学及文化研究学者杰姆逊、法国符号学家克里斯蒂瓦等的文学阐释理论，都呈现出了这样的特征，"文本意识形态"成为一个显著的思考路径。譬如，在剖析《米德尔马奇》这篇小说时，伊格尔顿对小说中的主要意象"蛛网"与意识形态的微妙关系进行了阐发。蛛网是衍生性的有机形象，是复杂的、有机对称的，又是脆弱的。这种形象实际上是助长审慎的政治保守主义的隐喻。蛛网的交织越是精致，行动造成的破坏性后果就越是成倍地增加，因此在发起总体行动时越发要瞻前顾后。反过来说，蛛网任意一点上的行动都会通过网丝的振动影响整个构形。这种蛛网的意象无疑是社会结构的象征。小说以自然形象"蛛网"来象征地表现如何获得与社会整体的一种完满关系。因此，伊格尔顿认为，小说内容的总体性问题被有效地移置为美学形式本身的问题，小说从形式上回答了作为主题提出的意识形态问题，也就是说，小说的审美形式表现出了意识形态的选择。伊格尔顿的这种阐释综合了社会历史批评、意识形态批评、文本批评等多种批评模式。当然，多种文学阐释模式的综合运用导致了文学阐释文本的复杂性和晦涩难解，它在给文学带来丰富意义的同时，也给阅读带来了困难。

文学阐释的兴盛催生了文学意义的大量剩余，不过，文学现象依然是文学现象，这是文学阐释所要面临的困境。本章主要选择几种有代表性的阐释模式：社会历史批评、文本批评、心理批评、意识形态批评、读者反应批评和身份批评。

第一节　社会历史批评

社会历史批评主要强调社会现实与历史对文学现象的决定作用。它主张，在考察文学现象时，应从作品产生的社会、地理、时代等环境因素的影响入手，把作品放回到具体的社会历史环境中，把作家的经历与作品联系起来，才能更准确地理解、分析和评价文学现象。

中国古代文学阐释很早就开始从社会历史角度讨论文学。依循"诗言志"的传统，《孟子·万章》中提出的"以意逆志"与"知人论世"的方法，就是要求读者把文学作品放到作家生活的环境中去，试图把握和重现作家的思想脉络，以便更好地了解作家的作品。司马迁在对屈原的评价中使用的就是这种方法。此外，中国古代文论还特别强调文学对社会道德、伦理建设方面的作用和影响，注重文学是否能有利于国家的和谐、社会的安定等。例如，孔子在《论语·阳货》中提到的"《诗》可以兴，可以观，可以群，可以怨"，涉及诗歌的社会功能的发掘。

在西方文学批评史中，社会历史批评最初出现于古希腊。在柏拉图、亚里士多德论文艺的著作中，都提到了文艺与社会生活有着一定的关系，但严格意义上的社会历史批评的兴起，则出现在 18 世纪。意大利历史哲学家维柯的《新科学》从古希腊社会的文化历史背景来讨论荷马史诗，认为人类历史在产生之初都是诗性的，二者无法截然分开，人们接受悲剧是因为悲剧人物的性格都不完全是虚构的，① 因此，要讨论诗歌，就需要把它们放回到当时的历史与社会背景中去。法国文学理论家斯达尔夫人在《从文学与社会制度的关系论文学》（简称《论文学》）一书中，从宗教、社会风俗、法律、时代、气候、环境等方面考察了不同民族文学的情况，提出了南方文学与北方文学的差异，在方法上对社会历史批评产生了很大影响。

社会历史批评方法的重要代表人物是法国学者丹纳。他在《〈英国文学史〉序言》和《艺术哲学》中提出并阐述了著名的"三因素"说，认为决定作家创作和文学发展的力量是种族、环境与时代。但是，由于丹纳受到 19 世纪实证主义的影响，过分重视自然环境、民族生理和心理因素的作用，他的方法缺乏对于社会自身发展对文学影响的分析，试图仅仅从外部环境的描述中去确定文学作品的内涵与价值，忽略了文学作品内在的审美要求和发展规律。

由马克思和恩格斯开创的经典马克思主义批评主要也是运用社会历史的批评方法，但不同之处在于：马克思主义批评要求把文学放到具体历史时代的社会结构之中，从经济基础与上层建筑的复杂关系中去看待文学作品。另外，由恩格斯提出的"美学的观点和历史的观点"相结合的批评（恩格斯称为"最高的标准"），② 弥补了丹纳等人只注重"外部研究"的缺陷。梅林、拉法格、普列汉诺夫等马克思主义者都属于这一派批评。20 世纪二三十年代兴起的以卢卡奇等人为代表的"西方马克思主义"，继续发展了经典马克思主义从社会结构、阶级、意识形态等角度考察文学的方法，提出了一些新的观念和批评方式，如德国法兰克福学派的阿多诺十分强调文学艺术对现实社会的批判作用，试图从文学艺术中寻求社会历史发展的动力，等等。

【原典选读】

咸丘蒙曰："舜之不臣尧，则吾既得闻命矣。《诗》云：'普天之下，莫非王土；率土之滨，莫非王臣。'而舜既为天子矣，敢问瞽瞍之非臣如何？"

曰："是诗也，非是之谓也。劳于王事，而不得养父母也。曰此莫非王事，我独贤劳也。故说诗者，不以文害辞，不以辞害志，以意逆志，是为得之。如此辞而已矣，《云汉》之诗曰：'周馀黎民，靡有孑遗。'信斯言也，是周无遗民也。"

——孟子正义·万章上 ［M］. 北京：中华书局，1987：637 - 638.

孟子谓万章曰："一乡之善士斯友一乡之善士，一国之善士斯友一国之善士，天下之善士斯友天下之善士。以友天下之善士为未足，又尚论古之人，颂其诗，读其书，不知其人可乎？是以论其世也。是尚友也。"

——孟子正义·万章下 ［M］. 北京：中华书局，1987：725 - 726.

屈平疾王听之不聪也，谗谄之蔽明也，邪曲之害公也，方正之不容也，故忧愁幽

---

① 维柯. 新科学 ［M］. 朱光潜，译. 北京：人民文学出版社，1986：425 - 427.
② 恩格斯. 致斐·拉萨尔 ［M］// 马克思恩格斯全集：第二十九卷. 北京：人民出版社，1972：586.

思而作《离骚》。离骚者，犹离忧也。夫天者，人之始也。父母者，人之本也。人穷则反本，故劳苦倦极，未尝不呼天也。疾痛惨怛，未尝不呼父母也。屈平正道直行，竭忠尽智以事其君，谗人间之，可谓穷矣。信而见疑，忠而被谤，能无怨乎？屈平之作《离骚》，盖自怨生也。《国风》好色而不淫，《小雅》怨诽而不乱。若《离骚》者，可谓兼之矣。上称帝喾，下道齐桓，中述汤、武，以刺世事。明道德之广崇，治乱之条贯，靡不毕见。其文约，其辞微，其志洁，其行廉，其称文小而其指极大，举类迩而见义远。其志洁，故其称物芳。其行廉，故死而不容。自疏濯淖污泥之中，蝉蜕于浊秽，以浮游尘埃之外，不获世之滋垢，皭然泥而不滓者也。推此志也，虽与日月争光可也。

——司马迁. 史记·屈原贾谊列传 [M]. 上海：

上海古籍出版社，1997：1900 - 1901.

上面考察过艺术品的本质，现在需要研究产生艺术品的规律。我们一开始就可以说"作品的产生取决于时代精神和周围的风俗"；我曾经向你们提出这规律，现在要加以证明。

……

为了使艺术品与环境完全一致的情形格外显著，不妨把我们以前做过的比较，艺术品与植物的比较，再应用一下……

……

所以气候与自然形势仿佛在各种树木中作着"选择"，只允许某一种树木生存繁殖，而多多少少排斥其余的。自然界的气候起着清算与取消的作用，就是所谓"自然淘汰"。各种生物的起源与结构，现在就是用这个重要的规律解释的；而且对于精神与物质，历史学与动物学植物学，才具与性格，草木与禽兽，这个规律都能适用。

……

的确，有一种"精神的"气候，就是风俗习惯与时代精神，和自然界的气候起着同样的作用。严格说来，精神气候并不产生艺术家；我们先有天才和高手，像先有植物的种子一样。在同一国家的两个不同的时代，有才能的人和平庸的人数目很可能相同。……必须有某种精神气候，某种才干才能发展；否则就流产。因此，气候改变，才干的种类也随之而变；倘若气候变成相反，才干的种类也变成相反。精神气候仿佛在各种才干中作着"选择"，只允许某几类才干发展而多多少少排斥别的。由于这个作用，你们才看到某些时代某些国家的艺术宗派，忽而发展理想的精神，忽而发展写实的精神，有时以素描为主，有时以色彩为主。时代的趋向始终占着统治地位。企图向别的方向发展的才干会发觉此路不通；群众思想和社会风气的压力，给艺术家定下一条发展的路，不是压制艺术家，就是逼他改弦易辙。

……

……你们将要看到，浏览一下历史上的各个重要时期也能证实我们的规律。我要挑出四个时期，欧洲文化的四大高峰：一个是古希腊与古罗马的时代；一个是封建与基督教的中古时代；一个是正规的贵族君主政体，就是十七世纪；一个是受科学支配的工业化的民主政体，就是我们现在生存的时代。每个时期都有它特有的艺术或艺术品种——雕塑，建筑，戏剧，音乐；至少在这些高级艺术的每个部门内，每个时期有它一定的品种，成为与众不同的产物，非常丰富非常完全；而作品的一些主要特色都反映时代与民族的主要特色……

——丹纳．艺术哲学［M］．傅雷，译．北京：人民文学出版社，1963：32‐40.

第二节　文本批评

文本批评是对文学作品的文学性进行阐释的一种模式，主要是在20世纪语言学研究的基础上形成的。事实上，这种批评在中国传统文学阐释中比较普遍。中国传统的诗评重视练字，关注作品的音韵、词语等，强调比兴，强调文本细读、反复吟咏，"读书百遍，其义自见"。汉代经生的微言大义，六朝文士的印象主义细读，宋代严羽的"熟参"，明清的小说评点，清代的况周颐的读词之法、王国维的以境界论词等，都可以说是关注文本的审美性。

西方的文本批评是20世纪以来的一种突出的文学阐释模式，它试图抛弃19世纪那种强调文学的"社会—历史"维度的实证研究，以及推崇作者的传记式、印象式批评，极力将凝视的目光倾注到语言文本之上。因此，人们不顾各种批评流派内在的丰富差异，把那些主张回归文本、注重形式和结构、强调批评的科学性的流派，都汇聚在"文本批评"的旗下。

1915年前后，俄罗斯民族意识处于觉醒之际，俄罗斯正经历着文学创作和批评理论繁荣的"白银时代"。此时，一批大学生以"诗学科学探索"的名义，发起了对传统注重内容研究的现实主义批评和象征主义的主观美学理论的挑战。这群试图从语言角度探讨诗歌和文学内部规律的批评者从他们的论敌那里得到了"形式主义"这个颇有贬义的名字，然而，这并未阻止他们以客观科学的方法探索文学的内部规律。他们关心语言结构甚于关心语言到底说了什么。雅各布森提出了影响到文本批评的重要概念——"文学性"，主张文学研究重在发现使文学成为文学的特殊素质。他们受到瑞士语言学家索绪尔语言学理论的影响，认为文学语言独立于日常语言，并运用语言学的共时方法讨论文学形式。他们颠倒了对内容和形式关系的传统看法，认为内容只是形式的动因，文学作品是特定修辞技巧、形式和手法的特殊集合。例如，《堂·吉诃德》这部小说与以此命名的主人公无关，不过是聚拢一系列形式技巧的文学手段。此外，什克洛夫斯基提出了"陌生化"理论，认为文学语言不同于日常语言，文学不同于日常世界之处，正是运用陌生化效果拉伸、扭曲和变形日常经验，从而唤醒读者的联想和记忆。俄国形式主义者在20世纪20年代后期逐渐解散并转移到布拉格和巴黎，他们的批评主张和研究方法影响了此后的布拉格学派、结构主义和接受美学等批评流派。

影响和主导北美文学批评领域长达半世纪的"新批评"流派崛起于20世纪20年代，此派以兰色姆的《新批评》（1941年）一书而得名。新批评反对浪漫主义者强调表现作家的主观情感，也反对像实证主义那样考察作品的社会历史档案，他们把作品视为自主的、相对封闭的和谐整体，主张批评和创作的纯粹、独立和客观性。新批评的开拓者之一 T. S. 艾略特在《传统与个人才能》中提出了诗歌的"非个性"观点，认为"诗不是放纵情感，而是逃避感情，不是表现个性，而是逃避个性"。诗人必须不断回归更有价值的传统，要放弃狭隘的"个性"。诗歌的价值不在于感情的伟大，而在于艺术过程的强烈和复杂微妙。新批评主将兰色姆系统地阐述了"本体论批评"，把文学视为独立自足的世界，并提出了颇有争议的"构架—肌质"理论，强调诗歌应该是理性和感性的有机统一体。此外，布鲁克斯提出了"细读""悖论"和"反讽"等具体批评方法，燕卜逊论述了诗歌语言的"复义"类型，肯定了诗歌语言的审美价值源于"复义"。威姆萨特和比尔兹利的"意图谬见"和"感受谬见"说，深化了新批评派割断作品与作者、读者、社会的联系的观点，回归到传统文论忽视了的作品本体之上。

20 世纪 50 年代和 60 年代，加拿大文学批评家诺思罗普·弗莱的原型批评理论作为对新批评忽视文本间关系的反拨，试图将成千上万的文学作品纳入一个整体的、独立的结构，并且重视文学与文化、文学批评与其他学科之间的丰富联系。原型批评在新批评式微和结构主义到来的空档时期成了北美文本批评的重要范式。

20 世纪 60 年代，强调"结构"和"系统"的结构主义思潮在西方取代了存在主义的主观论调。结构主义者始终追求一种超越个别、具体因素的共时结构，注重研究结构内在的二元对立模式。作为其方法论基础的索绪尔语言学，将语言（languge）和具体的言语（parole）运用分开，并将语言符号分为能指（signifer）和所指（signified）。结构主义方法在人文科学领域导致了深刻的范式革命，如列维-斯特劳斯的结构人类学、福科的考古学和拉康的精神分析理论等。在文学批评界，托多洛夫追随结构主义思想，主张关注作品自主性的系统性阅读理论，并提出叙事时间、语态和语式的叙事语法理论。格雷马斯的结构主义语义学叙事理论则以"角色模式"和"语义方阵"闻名。罗兰·巴特建立了系统的符号学方法，并用以分析大众文化的意识形态效果——"神话"。他还从作品文本研究的角度提出了"作者之死"。巴特的后期思想转向了解构主义阵营，发现能指和所指并不能构成一个完整的固定符号，能指指涉的与其说是一个概念，不如说是能指群，从而导致了能指和所指的分裂，以及意义的滑动。

以索绪尔的理论为基础的结构主义受到了法国学者德里达的深刻质疑。他认同尼采"重估一切价值"的立场，抛弃了卢梭式的怀旧伤感，肯定了文字的自由游戏。同时，他还深受海德格尔本体论存在主义思想的影响。德里达在《论文字学》等著作里颠覆了结构主义的"语音中心主义"，即贯穿西方传统形而上学的"逻各斯中心主义"，宣告文字的间接性、含混性正是语言的本质特征，"原型文字"是语言的基础而非附属的符号、表征。继而，他试图解构哲学和文学的对立，解构所谓真理言述和文学虚构的对立。

德里达的思想传播到北美形成了以耶鲁学派（包括保罗·德·曼、希利斯·米勒、哈罗德·布鲁姆和杰弗里·哈特曼）为代表的解构批评。解构批评虽然同意文学是语言符号系统，但其认为修辞性才是语言的根本特征，因而文本是一个不存在中心的多重结构系统，没有绝对的指涉意义，意义是多元的和不确定的。他们进一步否定了文学创作和批评的界限，提出了文本的"不可解读性"等观点。解构批评对文本意义采取的相对主义态度，他们的批评策略以及解构主义思想构成的悖论，都遭到了颇多质疑，如艾布拉姆斯就以《解构的安琪儿》等文章与解构批评展开对话。但是，解构批评对文学的地位、文学的性质和目的都产生了深刻影响，成了当代文学和文化研究的重要资源。

【原典选读】

大抵禅道惟在妙悟，诗道亦在妙悟，且孟襄阳学力下韩退之远甚，而其诗独出退之上者，一味妙悟而已。惟悟乃为当行，乃为本色。然悟有浅深，有分限，有透彻之悟，有但得一知半解之悟。汉魏尚矣，不假悟也。谢灵运至盛唐诸公，透彻之悟也。他虽有悟者，皆非第一义也。吾评之非僭也，辩之非妄也。天下有可废之人，无可废之言。诗道如是也。若以为不然，则是见诗之不广，参诗之不熟耳。试取汉魏之诗而熟参之，次取晋宋之诗而熟参之，次取南北朝之诗而熟参之，次取沈宋王杨卢骆陈拾遗之诗而熟参之，次取开元天宝诸家之诗而熟参之，次独取李杜二公之诗而熟参之，又尽取晚唐诸家之诗而熟参之，又取本朝苏黄以下诸家之诗而熟参之，其真是非自有不能隐者。倘犹于此而无见焉，则是野狐外道，蒙蔽其真识，不可救药，终不悟也。

——严羽．沧浪诗话校释［M］．郭绍虞，校释．

北京：人民文学出版社，1961：12.

读词之法，取前人名句意境绝佳者，将此意境，缔构于吾想望中。然后澄思渺虑，以吾身入乎其中，而涵泳玩索之。吾性灵与相浃而俱化，乃真实为吾有而外物不能夺。三十年前，以此法为日课，养成不入时之性情，不遑恤也。

——况周颐．蕙风词话［M］．北京：人民文学出版社，1960：9.

境非独谓景物也，喜怒哀乐亦人心中之一境界。故能写真景物真感情者，谓之有境界。否则谓之无境界。

"红杏枝头春意闹"，着一"闹"字而境界全出；"云破月来花弄影"，着一"弄"字而境界全出矣。

境界有大小，不以是而分优劣。"细雨鱼儿出，微风燕子斜"何遽不若"落日照大旗，马鸣风萧萧"。"宝帘闲挂小银钩"何遽不若"雾失楼台，月迷津渡"也。

——王国维．人间词话［M］．北京：人民文学出版社，1960：193.

所谓朦胧，在普通语言中指的是一种非常明显的，而且通常是机智的或骗人的语言现象。我准备在这个词的引申义上使用它，而且认为任何导致对同一文字的不同解释及文字歧义，不管多么细微，都与我的论题有关。有时候，尤其是在本章中，这一字眼所包括的范围之广可能近乎可笑。但是它是描述性的，因为它暗示了我所关心的分析方法。

在足够广泛的意义上，一切白话陈述都可以说是朦胧的。首先，它是可以分析的。这样"那只棕色的猫坐在红色的垫子上"这句话就可分析为以下一系列的陈述：这是关于一只猫的陈述；这句陈述涉及的猫是棕色的等等。每一句这种简单的陈述可以变成包括另外的词语的复杂的陈述，于是你所面临的任务就是解释猫是什么东西；而每一句这种复杂陈述又可以分解成一组简单陈述。这样一来，每一样构成猫的概念的东西都跟"垫子"具有某种空间关系。解释者可按照自己的意愿，通过选择一定的词语，使"解释"朝任何方向发展。

——威廉·燕卜逊. 朦胧的七种形式 [M]. 周邦宪，等，译.

北京：中国美术出版社，1998：1-2.

因此，为了恢复对生活的感觉，为了感觉到事物，为了使石头成为石头，存在着一种名为艺术的东西。艺术的目的是提供作为视觉而不是作为识别的事物的感觉；艺术的手法就是使事物奇特化的手法，是使形式变得模糊、增加感觉的困难和时间的手法，因为艺术中的感觉行为本身就是目的，应该延长；艺术是一种体验事物的制作的方法，而"制作"成功的东西对艺术来说是无关重要的。

——维·什克洛甫斯基. 艺术作为手法 [M] // 托多罗夫.

俄苏形式主义文论选. 蔡鸿滨，译. 北京：中国社会科学出版社，1989：65.

文学科学的对象不是文学，而是"文学性"，也就是说使一部作品成为文学作品的东西。不过，到现在我们还是可以把文学史家比作一名警察，他要逮捕某个人，可能把凡是在房间里遇到的人，甚至从旁边街上经过的人都抓了起来。文学史家就是这样无所不用，诸如个人生活、心理学、政治、哲学，无一例外。这样便凑成一堆雕虫小技，而不是文学科学，仿佛他们已经忘记，每一种对象都分别属于一门科学，如哲学史、文化史、心理学等，而这些科学自然也可以使用文学现象作为不完善的二流材料。

语言现象应根据讲话的人在某一具体情况下所针对的目标加以分类。如果他们为了纯属实际交流的目的利用语言现象，那就属于日常语言的系统（即口头思想的系统），在实际交流中，语言学的各种构词因素（语音、形态因素等）没有独立的价值，而只是一种交流手段。但是，我们可以想象还有其他的语言学系统（实际上也是存在的），在这些系统中，实际的目的退居第二位（虽然没有完全消失），而语言学的构词因素获得独立的价值。

——鲍·艾亨鲍姆. "形式方法"的理论 [M] // 托多罗夫.

俄苏形式主义文论选. 蔡鸿滨，译. 北京：中国社会科学出版社，1989：24-25.

第三节　心理批评

心理批评是借助心理学尤其是精神分析的理论和方法来阐释文学活动的一种路径，这是从外在世界的研究转向内心世界的分析，透过文本的表明现象或者"症候"透视更为内在的真实意义。文学是人学，它总是关乎心灵世界，涉及内心意识、本能、焦虑、欲望、神经分裂、情感、想象、梦幻等心理因素。

中国古代早就有周公解梦的心理分析的先例，明代李贽的"童心说"则以真正的童心来解读真正的文学创作，发人深省。不过，随着20世纪心理学的蓬勃发展，出现了各种心理学理论。这些理论的一个重要维度就是研究文学现象，从而形成了对文学活动进行心理批评的模式，同时，这种模式不断延展到文学批评和理论的内部，深刻影响到文学批评。文学研究者有意识地借鉴心理学理论进行文学阐释，这样，心理批评就成了文学阐释的重要方法之一。

心理批评涉及文学活动的内容是广泛的，主要有这样几个方面：一是对作家及其创作心理的批评，挖掘作家的创作人格，甚至作家的病态心理；二是对作品中的形象进行分析，既探讨作品人物的行动与内在心灵世界，也探讨文学作品的物象与人物内在心灵的关系；三是研究读者接受作品的心理动机与效应。

心理批评的主要代表人物有弗洛伊德、荣格、拉康等人。他们都是心理学研究专家，但也充分关注文学艺术，提出了相似但又各具特色的文学批评模式与阐释话语。弗洛伊德作为奥地利的精神病医生，提出了无意识理论、泛性说、人格结构理论、梦的理论等精神病理学说，尤其是提出了"恋母情结"和"恋父情结"。他对文学艺术作品的解读就是为了追寻他的精神分析学说。他对文艺活动的精神分析涉及作家、人物、欣赏者等方面，探讨了作家与精神病患者的类似关系，认为文学创作是一种欲望冲动的化装表现，欣赏是欲望的替代性满足。他分析了达·芬奇、莎士比亚、詹森、陀思妥耶夫斯基、茨威格等作家的创作心理及其作品中的人物形象，尤其关注作家的病态心理与作品人物的幻觉和梦等。荣格是弗洛伊德的学生，但后来由于不同意老师的泛性说而提出了"集体无意识"理论。所谓集体无意识，是指一种并非个人获得的，而是由祖辈遗传保留下来的普遍性精神机能，它通过神话、传说、童话中的原型意象对个体产生决定性的影响。这样，荣格用集体无意识理论来阐释文学事实，通过分析文艺作品中的重复出现的叙事模式、人物形象或意象、母题等，进而探究作品集体的原始精神意义，从而揭示出文学作品的价值。拉康的批评受到弗洛伊德理论的影响，但是，他没有把无意识视为最初的决定因素，而是从结构和语言学方面切入人的主体问题，认为不是无意识决定语言，而是语言决定无意识，能指决定所指，人的主体不过是一种语言的建构。因此，在文学批评中，他注重的是语言能指的重要性。

心理批评有很大的影响。它已经融入了各种各样的文学批评之中，在当代文学理论和批评中仍然产生着重要的影响。霍兰德把它引入读者的阅读过程，文化研究、女性主义批评、后殖民主义批评都在不同程度和不同方面融合了这种文学阐释的模式。

【原典选读】

龙洞山农叙《西厢》，末语云："知者勿谓我尚有童心可也。"夫童心者，真心也；若以童心为不可，是以真心为不可也。夫童心者，绝假纯真，最初一念之本心也。若失却童心，便失却真心；失却真心，便失却真人。人而非真，全不复有初矣。

童子者，人之初也；童心者，心之初也。夫心之初，曷可失也？然童心胡然而遽失也？盖方其始也，有闻见从耳目而入，而以为主于其内，而童心失。其长也，有道理从闻见而入，而以为主于其内，而童心失。其久也，道理闻见，日以益多，则所知所觉，日以益广，于是焉又知美名之可好也，而务欲以扬之，而童心失。知不美之名之可丑也，而务欲以掩之，而童心失。夫道理闻见，皆自多读书识义理而来也。古之圣人，曷尝不读书哉！然纵不读书，童心固自在也；纵多读书，亦以护此童心而使之勿失焉耳，非若学者反以多读书识理而反障之也。夫学者既以多读书识义理障其童心矣，圣人又何用多著书立言，以障学人为耶？童心既障，于是发而为言语，则言语不由衷；见而为政事，则政事无根柢；著而为文辞，则文辞不能达。非内含以章美也，非笃实生辉光也，欲求一句有德之言，卒不可得。所以者何？以童心既障，而以从外入者闻见道理为之心也。

夫既以闻见道理为心矣，则所言者，皆闻见道理之言，非童心自出之言也。言虽工，于我何与？岂非以假人言假言，而事假事，文假文乎？盖其人既假，则无所不假矣。由是而以假言与假人言，则假人喜；以假事与假人道，则假人喜；以假文与假人谈，则假人喜。无所不假则无所不喜，满场是假，矮人何辨也？然则虽有天下之至文，其湮灭于假人而不尽见于后世者，又岂少哉！何也？天下之至文，未有不出于童心焉者也。苟童心常存，则道理不行，闻见不立，无时不文，无人不文，无一样创制体格文字而非文者。诗何必古选，文何必先秦。降而为六朝，变而为近体，又变而为传奇，变而为院本，为杂剧，为《西厢曲》，为《水浒传》，为今之举子业皆古今至文，不可得而时势先后论也。故吾因是有感于童心者之自文也，更说什么六经，更说什么《语》《孟》乎？

——李贽．童心说［M］//郭绍虞．中国历代文论选：
第三册．上海：上海古籍出版社，2001：117－118．

《尤利西斯》从整体上说和现代艺术一样都不是病态的产物。从最深层的意义上说，它是"立体主义"的，因为它把现实的图画变成了一幅容量可观的复杂的绘画，这幅画的基调就是抽象客观的忧郁。立体主义不是一种病态，而是以一种特定的方式表现现实的趋势——这种方法可以是怪诞现实的方法或怪诞抽象的方法。精神分裂症的临床表现不过是一种类似的情况。精神分裂症患者明显地也有同样的倾向，他把现实变得与自己疏远，或者相反，使自己与现实疏远。在精神分裂症患者那里，他的倾向常常是没有可辨的目的，但却是一种从崩溃的个性向残缺个性必然发展的症状（即自主情绪）。在现代艺术家那里，这种症状不是由个人的某种疾病造成的，它是我们时代的集体的表症。艺术家并不按个人的冲动活动，而是受制于一种集体的生活之流，这股流不是直接源于意识，而是源于现代心理的集体无意识。正由于它是一种集体的现象，它才在相距甚远的领域中结出了同样的果实，在绘画与文学中、在雕塑与建筑中都是如此。

——荣格．人、艺术和文学中的精神［M］．孔长安，
丁刚，译．北京：华夏出版社，1989：115－116．

第四节　意识形态批评

"意识形态"一词是由法国哲学家特拉西提出的，但真正运用意识形态理论来进行文学艺术批判的，还是马克思主义。马克思发展了特拉西关于意识形态"观念学"的思想，从社会深层结构角度对意识形态的内涵进行了拓展。在《德意志意识形态》中，马克思把意识形态看作阶级社会中为统治阶级服务的社会意识形式，是为当下社会合理性进行阐释和辩护的意识。在这个意义上，意识形态并不代表全面、真实的社会意识，而仅仅是部分的和虚假的。西方马克思主义理论家特里·伊格尔顿解释说："马克思的思想一开始就在意识形态的两种大相径庭的意义之间存在着张力。一方面，意识形态有目的、有功能，也有实践的政治力量；另一方面，似乎仅仅是一堆幻象，一堆观念，它们已经与现实没有联系，过着一种与现实隔绝的明显自律的生活。"① 正是意识形态的这种充满张力的矛盾，才使我们在研究文学艺术这一特殊的社会意识形态上，不得不注意到文学艺术本身作为意识形态所具有的二重性。

意大利的马克思主义者葛兰西也从现实性和理论性两方面分析了意识形态。他认为："必须区别历史上固有的意识形态，也就是一定基础所必需的意识形态与随意的、合理化的，'设想出来的'意识形态。"② 前者是现实的、必然的，后者仅仅是理论的、论战的。因此，为了使科学从空想到行动，他提出了著名的"实践哲学"，强调革命行动中所谓"领导权"的重要性。这个"领导权"表现在文化思想领域就是统治阶级所掌握的"文化霸权"。因此，葛兰西认为，革命斗争应该重视意识形态领域的斗争。他提出了"民族—人民"文学的概念，认为文学批评不能仅仅来自某种理论的想象，而应该来自更丰富的社会生活。

法国的阿尔都塞继承并发展了葛兰西的"文化霸权"理论。他进一步拓展了意识形态理论，认为意识形态对社会的控制不仅仅是意识的，更多的还表现在潜意识的结构方面。他从结构主义方法入手，创造了一系列分析意识形态的方法，如"问题式"方法等，也被称为症候阅读法。阿尔都塞认为，社会意识形态不仅仅是理论的，还有一整套与之相对应的、塑造社会意识形态的"机器"，他称之为"意识形态机器"，教育机制就是其中一个非常重要的方面。

另外，以英国马克思主义者威廉斯为代表发展起来的文化研究，在理论上也经常借用意识形态的批评方法。

中国古代虽然没有使用"意识形态"这种术语，但是比较重视文学的政治意识形态的阐释活动，尤其强调文学的政治教化意义，譬如孔子、郑玄等人对《诗经》的政教化阐释。而在现代，把马克思主义的意识形态理论与中国文学批评传统联系起来的人是毛泽东。他在1942年著名的《在延安文艺座谈会上的讲话》中，结合我国文艺与社会政治生活紧密相关的传统，提出了政治和艺术的双重标准，把是否代表历史发展的方向、群众的利益，以及群众是否喜闻乐见树立为文学艺术批评的标准。与西方的理论家不同，毛泽东并不把批评者的主观理想和理论建设看得高于社会生活；相反，他认为，作家和批评家应该放弃自己的主观成见，以社会生活和广大人民群众为最终标准。新中国成立以来的文艺理论在很大程度上继承了这一思想。

【原典选读】

《关雎》，后妃之德也，风之始也，所以风天下而正夫妇也。故用之乡人焉，用之邦国焉。风，风也，教也，风以动之，教以化之。

……

情发于声，声成文谓之音。治世之音安以乐，其政和；乱世之音怨以怒，其政乖；

---

① 特里·伊格尔顿. 意识形态 [M] //历史中的政治、哲学、爱欲. 马海良，译. 北京：中国社会科学出版社，1999：85.

② 葛兰西. 狱中札记 [M]. 葆煦，译. 北京：人民出版社，1983：64.

亡国之音哀以思，其民困。故正得失，动天地，感鬼神，莫近于诗。

——毛诗序［M］//郭绍虞. 中国历代文论选：第一册. 上海：

上海古籍出版社，2001：63.

诗之兴也，谅不于上皇之世。大庭、轩辕，逮于高辛，其时有亡，载籍亦蔑云焉。《虞书》曰："诗言志，歌永言，声依永，律和声。"然则诗之道，放于此乎？

有夏承之，篇章泯弃，靡有孑遗。迄及商王，不风不雅。何者？论功颂德，所以将顺其美；刺过讥失，所以匡救其恶。各于其党，则为法者彰显，为戒者著明。

周自后稷播种百谷，黎民阻饥，兹时乃粒，自传于此名也。陶唐之末中叶，公刘亦世修其业，以明民共财。至于大王、王季，克堪顾天。文、武之德，光熙前绪，以集大命于厥身，遂为天下父母，使民有政有居。其时《诗》，风有《周南》《召南》，雅有《鹿鸣》《文王》之属。及成王，周公致大平，制礼作乐，而有颂声兴焉，盛之至也。本之由此风雅而来，故皆录之，谓之《诗》之正经。

——郑玄. 诗谱序［M］//郭绍虞. 中国历代文论选：第一册. 上海：

上海古籍出版社，2001：70.

第一个问题：我们的文艺是为什么人的？

这个问题，本来是马克思主义者特别是列宁所早已解决了的。列宁还在一九〇五年就已着重指出过，我们的文艺应当"为千千万万劳动人民服务"……

那末，什么是人民大众呢？最广大的人民，占全人口百分之九十以上的人民，是工人、农民、士兵和城市小资产阶级。所以我们的文艺，第一是为工人的，这是领导革命的阶级。第二是为农民的，他们是革命中最广大最坚决的同盟军。第三是为武装起来了的工人农民即八路军、新四军和其他人民武装队伍的，这是革命战争的主力。第四是为城市小资产阶级劳动群众和知识分子的，他们也是革命的同盟者，他们是能够长期地和我们合作的。这四种人，就是中华民族的最大部分，就是最广大的人民大众。

我们的文艺，应该为这上面说的四种人。我们要为这四种人服务，就必须站在无产阶级的立场上，而不能站在小资产阶级的立场上。在今天，坚持个人主义的小资产阶级立场的作家是不可能真正地为革命的工农兵群众服务的，他们的兴趣，主要是放在少数小资产阶级知识分子上面……

……在现在世界上，一切文化或文学艺术都是属于一定的阶级，属于一定的政治路线的。为艺术的艺术，超阶级的艺术，和政治并行或互相独立的艺术，实际上是不存在的。无产阶级的文学艺术是无产阶级整个革命事业的一部分，如同列宁所说，是整个革命机器中的"齿轮和螺丝钉"。因此，党的文艺工作，在党的整个革命工作中的位置，是确定了的。反对这种摆法，一定要走到二元论或多元论，而其实质就像托洛茨基那样："政治——马克思主义的；艺术——资产阶级的。"

……

文艺批评有两个标准，一个是政治标准，一个是艺术标准。按照政治标准来说，一切利于抗日和团结的，鼓励群众同心同德的，反对倒退、促成进步的东西，便都是好的；而一切不利于抗日和团结的，鼓动群众离心离德的，反对进步、拉着人们倒退的东西，便都是坏的。这里所说的好坏，究竟是看动机（主观愿望），还是看效果（社会实践）呢……为大众的动机和被大众欢迎的效果，是分不开的，必须使二者统一起来……检验一个作家的主观愿望即其动机是否正确，是否善良，不是看他的宣言，而是看他的行为（主要是作品）在社会大众中产生的效果。社会实践及其效果是检验主观愿望或动机的标准……按照艺术标准来说，一切艺术性较高的，是好的，或较好的；艺术性较低的，则是坏的，或较坏的。这种分别，当然也要看社会效果。艺术家几乎没有不以为自己的作品是美的，我们的批评，也应该容许各种各色艺术品的自由竞争；但是按照艺术科学的标准给以正确的批判，使较低级的艺术逐渐提高成为较高级的艺术，使不适合广大群众斗争要求的艺术改变到适合广大群众斗争要求的艺术，也是完全必要的。

又是政治标准，又是艺术标准，这两者的关系怎么样呢？政治并不等于艺术，一般的宇宙观也并不等于艺术创作和艺术批评的方法。我们不但否认抽象的绝对不变的政治标准，也否认抽象的绝对不变的艺术标准，各个阶级社会中的各个阶级都有不同的政治标准和不同的艺术标准。但是任何阶级社会中的任何阶级，总是以政治标准放在第一位，以艺术标准放在第二位的。……我们的要求则是政治和艺术的统一，内容和形式的统一，革命的政治内容和尽可能完美的艺术形式的统一。缺乏艺术性的艺术品，无论政治上怎样进步，也是没有力量的。因此，我们既反对政治观点错误的艺术品，也反对只有正确的政治观点而没有艺术力量的所谓"标语口号式"的倾向。我们应该进行文艺问题上的两条战线斗争。

——毛泽东. 在延安文艺座谈会上的讲话［M］//毛泽东选集：第 3 卷，
北京：人民出版社，1991：854 - 870.

恩格斯在《路德维希·费尔巴哈和德国古典哲学的终结》（1888）中说，艺术远比政治、经济理论丰富和"隐晦"，因为比较来说，它不是纯意识形态的东西。在这里，理解马克思主义关于"意识形态"的精确含义是重要的。首先，意识形态不是一套教义，而是指人们在阶级社会中完成自己的角色的方式，即把他们束缚在他们的社会职能上并因此阻碍他们真正地理解整个社会的那些价值、观念和形象。在这种意义上，《荒原》是意识形态的：它显示一个人按照那些阻止他真正理解他的社会方式，也就是说，按照那些虚假的方式解释他的经验。一切艺术都产生于某种关于世界的意识形态观念。普列汉诺夫说，没有一部完全缺乏思想内容的艺术作品。但是，恩格斯的评论指出：比起更为明显地体现统治阶级利益的法律和政治理论来，艺术与意识形态有着更为复杂的关系。问题在于，艺术与意识形态是什么样的关系。

——特里·伊格尔顿. 马克思主义与文学批评［M］. 文宝，译.
北京：人民文学出版社，1980：20 - 23.

第五节　阐释学、接受美学和读者反应批评

中国古代很重视对经典的解释、注疏，不论是对儒家还是道家、佛家经典的诠释，都很丰富。陆九渊的"六经注我，我注六经"之论也体现了中国阐释学的不同路径。中国古典阐释颇为强调文学的接受与读者的反应，诸如孔子的"兴观群怨"之说。虽

然这种阐释活动做了很多，但是系统总结还不如西方现代那么全面。在西方，阐释学曾经是一门解释文本，尤其是解释《圣经》意义的古老学科。它得名于希腊神话中上帝的信史赫尔默斯（Hermes），在近代经过德国哲学家施莱尔马赫、狄尔泰等人的发展，成为一种关注"理解"的哲学思想。然而，近代阐释学还未超越自然科学客观方法的影响，追求解释对"原义"的复原和与其吻合，因而被视为一种方法论的阐释学。现代阐释学将传统阐释学改造为一种本体论的阐释学，它的奠基人海德格尔和伽达默尔都受益于胡塞尔的现象学。

自然科学和工业文明的突飞猛进威胁着以探讨"认识如何可能"为基本任务的近代哲学的合法性，也动摇着人们对文化传统的理解，欧洲哲学和思想文化的危机促生了胡塞尔的现象学思想。现象学试图把自然科学分裂的主体和客体又重新弥合在一起，竭力从主客体统一的视角观察世界。海德格尔继承了现象学的方法，但拒绝了胡塞尔的优越的先验主体，转向了对"存在"的关注。人这种特殊的"存在"（"此在"）是"在世界中的存在"，必然与世界、他人在一起，"此在"与世界的关系不是主仆关系或对象关系，而是对话和倾听关系，因而"理解"是向死而生的"此在"不断超越自身的内在冲动。海德格尔的思想使"理解"不再只是一种心理意识，而是存在最本质的内容，是历史性的，也是栖息于语言之中的。那么，对艺术作品的理解就不是去发现，而是使艺术作品和语言的真理敞现出来。

伽达默尔循此思路继续发展。他彻底放弃了依附于科学认识的传统真理观，将"理解"视为真理发生的方式，而艺术理解活动正是典范的真理发生样式，进而强调了理解的历史性和语言的构成性。人是历史中的主体，凝结在文化传统中的艺术品也是主体，因此人和艺术品之间的关系不是主客体的关系，而是两个主体的对话和理解关系，人对艺术作品的理解被视为作品存在的根本前提。艺术作品和阐释者都有自己不同的历史视界，他们的邂逅就形成了视界融合，即一种新的视界、新的阐释意义。

伽达默尔的阐释学认为艺术作品的意义是开放的，是不断再生的，这一观点受到来自美国的文艺理论家赫施的尖锐抨击。赫施不能容忍阐释学把作品和作者原义分隔开，使阐释失去衡量标准的相对主义态度，他站在"保卫作者"的立场指出，文本最根本的意义来自作者。因此，赫施区分出艺术文本的"意义"和"意思"，前者指作者的意图，是确定不变的；而"意思"是文本的意义和其他事物发生联系的产物，与历史条件、具体的理解者等相关，是可变的。

现代阐释学的发展中较有影响的还有法国的利科和美国的马戈利斯等人的观点。利科阐释学的新意在于融合了结构主义、精神分析学、日常语言哲学和宗教哲学的成果，力图从语言分析入手拓展阐释学。关于象征的分析和文本理论是其核心内容，也是利科在方法论和认识论方面对现代阐释学的发展。

现代阐释学极大地影响了 20 世纪 60 年代兴起于德国的接受美学。接受美学以姚斯和伊瑟尔为主要代表，他们试图在文学的形式研究中重新引入历史维度，或者说引入理解的历史性。姚斯以《文学史作为向文学理论的挑战》一文吹响了接受美学的号角，认为如果从接受美学视角考察文学，那么文学研究的形式和历史两块被割裂的内容将被重新联结起来。姚斯吸收了阐释学的"视界融合"与"效果史"的观点，认为文学意义既不能指望庸俗的实证式的历史研究，也不能被单纯地封闭在文本的形式结构中，因为意义发生于文本和历史性阐释者之间的对话事件中。他还接受了马克思的生产、消费观念，以及哈贝马斯提出的理想型交往理论等社会学理论的影响，将读者接受和社会的"一般历史"结合起来。当然，正如伊格尔顿质疑的：接受美学的"一般历史"其实是抽象的，是与具体的充满斗争、博弈的社会历史相区别的。接受美学的另一代表伊瑟尔则坚持从现象学方法考察文学阅读，因此，文学作品和阅读者不可分离，文学作品始终是在阅读过程中动态地构成的，文学作品的两端分别联结着作为艺术一极的文本和作为审美一极的读者。伊瑟尔在《召唤结构》中指出了文本始终潜藏着隐含读者，并需要读者的阅读来填补空白，连接空缺和建立新视界。而且有价值的文本必定形成对读者固有观念、思维方式和艺术经验的质疑。在文本的挑战中，阅读者得以摆脱日常生活的控制并获得解放。

接受美学越过大西洋，在美国形成了"读者反应批评"流派，其中影响最大的有费什、卡勒和霍兰德。费什试图通过读者对文本意义的颠覆，否定读者对自身知觉的自信，从而说明意义的不确定性。他的名言是"意义是事件"，"阅读是一种活动，是一件你正在做的事"。费什承认阅读者受到内化的语言、社会交往规则和语义知识的制约，但阅读没有绝对的标准。批评实践就是研究读者阅读经验中随着时间流动对文本作出的反应模式。卡勒不像费什那么极端，他更在意读者的潜在能力，即"文学能力"，或者说是文学接受的"习惯系统"。文学正是通过旧的习惯系统被新的习惯系统替代而实现文学的演进。诺曼·霍兰德则将读者反应批评置入精神分析学的框架中，读者和文本的关系是本文幻想和自我防御的关系。阅读作品使读者的潜在欲望转换成社会可以接受的合理内容，因而读者可以从阅读作品中释放并获得快乐。阅读的过程不是文本的被动解读，而是作者和读者通过文本获得交流的过程。

从阐释学的现代发展到接受美学，再到读者反应批评，我们可以发现一以贯之的线索是批评或理论在作者、文本和读者体系中偏向了读者、解释者，他们在重视语言文本的基础上，在文本意义和阐释主体、人类经验之间建立了新的联系。

【原典选读】

桓公读书于堂上，轮扁斫轮于堂下，释椎凿而上，问桓公曰："敢问公之所读者何言邪？"公曰："圣人之言也。"曰："圣人在乎？"公曰："已死矣。"曰："然则君之所读者，古人之糟粕已夫！"桓公曰："寡人读书，轮人安得议乎！有说则可，无说则死！"轮扁曰："臣也以臣之事观之：斫轮，徐则甘而不固，疾则苦而不入；不徐不疾，得之于手而应于心，口不能言，有数存乎其间。臣不能以喻臣之子，臣之子亦不能受之于臣，是以行年七十而老斫轮。古之人与其不可传也死矣，然则君之所读者，古人之糟粕已夫！"

——郭庆藩. 庄子集释［M］. 北京：中华书局，1982：490-491.

经是文字纸墨性空，何处有灵验？灵验者，在持经人用心，所以神通物感。试将一卷经安著案上，无人受持，自能有灵验否？

——郭朋. 经坛校释［M］. 法海本. 济南：齐鲁书社，1981：64.

艺术的万神庙并不是一个向纯粹审美意识呈现出来的永恒的现在，而是某个历史地积累和会聚着的精神活动，就连审美经验也是一种理解自身的方式，但是，所有理解自身都是在某些于此被理解的他物上实现的，并且包括这个他物的统一性和同一性。只要我们在世界中见到了艺术作品，并在单个艺术作品中见到了一个世界，那么，这个他物就不会始终是一个我们刹那间陶醉于其中的生疏的宇宙，毋庸说，我们学会了在他物中理解自身。这就是说，我们在我们此在的连续性中废除了体验的非连续性和确定性。因此，面对美和艺术我们获得这样一个立足点是有意义的，这个立足点并没有被宣称为直接性，而是与人类的历史现实相符合的对直接性、瞬间的完美物以及"体验"意义的引用。鉴于人类存在的要求未固执于自我理解的连续性和统一性，艺术经验并不能被推入审美意识的非制约性中。

——伽达默尔. 真理与方法［M］. 王才勇，译.

沈阳：辽宁人民出版社，1987：139 - 140.

奠基于接受美学之上的文学史的价值取决于它在通过审美经验对过去进行不断的整体化运用中所起到积极作用。这就需要接受美学一方面与实证主义文学史的客观主义相对，有意识地尝试建立一个标准；另一方面与古典主义的传统研究相对，如果不打破已接受的文学标准，就需要进行批判性的修改。很清楚，接受美学已开始建立形成这样一种规范的标准和对文学史的必要复述。从个别著作的接受史到文学史这一步，必然导致我们把作品的历史延续看作并描述为作品在确定和证明文学的内聚力。对于我们来说，作品的历史延续只是作为作品的现时经验的史前史才有意义。

——姚斯. 文学史作为向文学理论的挑战［M］//接受美学与接受理论.

周宁，金元浦，译. 沈阳：辽宁人民出版社，1987：25.

第六节　身份批评

身份（identity）批评是伴随着主体性意识而形成的一种批评方式，所谓身份是保持内在一致性的整体感受。在 20 世纪，现代个人主体和民族主体在现代性与全球化浪潮下遭遇了前所未有的危机，这种危机在文学艺术中有意识或无意识地流露了出来。一些文学理论家与批评家在马克思主义、文化人类学、精神分析心理学的影响下，对与文学艺术作品相关的"身份"问题进行了研究，由此形成了身份批评。虽然对于身份的认识不同，但是一般认为，身份主要是一种文化上的概念，具有固有的特征和理论建构的双重含义。

身份批评试图揭示文艺作品、文化现象中文化身份的构成。文化身份的内容颇为复杂，它具体体现在主体的各种思想、话语和行为之中。文学阐释中的身份批评也是复杂多样的，主要有两种：一是性别身份，二是族群身份。

性别身份批评关注的是男女性别的身份建构，尤其是女性身份的建构，这成了女性主义文学批评所关注的核心问题。女性主义文学批评以妇女形象、女性创作以及女性阅读为研究中心，力图颠覆男性中心主义，以建构女性特有的写作方式、话语模式与文学经验，主要代表人物有沃尔夫、肖瓦尔特、阿特伍德、西克苏、克里斯蒂瓦等人。另外，在西方还出现了与性别身份批评相关的"超性别"批评。

族群身份批评的对象是一个族群的身份建构，其中最显著的是殖民身份的建构，这是后殖民主义批评尤为关注的。后殖民主义批评主要阐释文学作品中的殖民情结，探讨第三世界国家与殖民地国家的人民受西方殖民国家控制的文化身份建构，力图揭示帝国主义给从属国带来的文化阴影，有代表性的批评家有萨义德、霍米·芭芭、斯皮瓦克等人。另外，流散者批评和他者批评也是与殖民批评相关的身份批评的分支。流散者批评把离开"祖国"和母语文化的"流散者"文学当作对象。在苏德西·米什拉看来，流散者批评作为一种跨学科的理论书写风格，致力于表明与身份政治、流亡的主体性、认同、群体分类和双重意识相关的复杂关系。霍米·芭芭认为，殖民话语把被殖民者创造成了这样一种社会现实，即被殖民者事实上成了"他者"。

身份批评是西方文学批评出现的新趋势，目前还在发展之中。它充分汲取了西方马克思主义、精神分析学说的话语，又整合了语言和文本批评，力求把握文学现象中的性别、阶级、种族和意识形态等问题，因此在当代西方产生了很大的影响。

复习思考题

1. 如何理解文学阐释在文学活动中的地位和作用？
2. 如何理解文学阐释方法的多样性和互补性？
3. 社会历史批评的主要理论关注点是什么？
4. 马克思主义对社会历史批评做出过哪些贡献？
5. 文本批评的主要理论关注点是什么？
6. "新批评"有哪些核心概念？
7. 心理批评包含哪些主要内容？
8. 意识形态批评的主要理论关注点是什么？
9. 如何理解"文化霸权"这一概念？
10. 身份批评的主要理论关注点是什么？

第六章
文学流变论

概 述

　　任何社会历史现象都不可能没有历史的起点或逻辑的起点；而一旦有了历史的起点或逻辑的起点，那么它就会在内外诸力的作用下发生流变与迁化；变化是一个永恒的过程，我们当下普遍默认的观念、意义或形态，到未来某一天可能就有了新内容的注入，从而成为未来可能的样态。

　　文学是社会历史现象之一，所以文学也理所当然有它的起源、流变与未来的可能性。这些内容本章将加以陈述和诠释。需要特别说明的是，之所以不采用传统上一直使用的"文学的起源与发展"中的"发展"观念而采用"流变"的观念，在于文学本是一种精神现象而不是物质现象，它并不一定遵循物质现象世界的线性发展观。这就是说，文学并不一定是进化的，只能说是流变的。

　　文学是广义的艺术的一部分，探讨文学的起源就必须首先探讨艺术的起源。而艺术的起源是一个特别复杂的问题，历史上探索文艺起源的途径较多，19世纪后，主要的途径大概有三个：考古学的途径，人类学的途径，心理学的途径。

　　所谓考古学的途径是指以考古学上的实证来探讨文学艺术的起源。一般来说，此途径主要是用史前艺术的遗迹来实证性地回答艺术起源于何时。例如，在欧洲，1875年发现的阿尔塔米拉洞穴壁画，就是艺术起源学上的一个重要成就。这个洞穴长度有1000英尺左右，洞穴顶部长达46英尺的壁画上画有20多只动物形象，壁画上所描绘的动物的生动形象，虽然不是为艺术而画，却是艺术的胚胎。这个洞穴壁画的发现开启了史前艺术考古学的先河，此后在法国的西南部、南部和西班牙北部等欧洲地区，又先后发现了大小80多处史前洞穴艺术遗迹，为艺术起源的考古学研究提供了较多的实证性材料。但从总体上说，从考古学上去研究文学艺术的起源有很大的局限性，主要体现在两个方面：一是目前发现的史前艺术遗迹的总体数量还不多，它们保证了实证性，却又缺乏足够的准确性；二是今天发现的史前考古材料所证明的艺术起源的可能时间，也许会被新的史前艺术遗迹的发现修改，从而不能在根本上终极性地回答艺术起源的问题。也就是说，考古学的方法对艺术起源问题的回答具有波动性。

　　用人类学的方法来研究艺术起源问题，主要是利用现存的原始部落这些"社会活化石"中的文化艺术样本来进行研究。这方面研究的重要理论著作主要有美国人类学家摩尔根 1877 年出版的《古代社会》，德国艺术史家格罗塞 1894 年出版的《艺术的起源》，以及俄国理论家普列汉诺夫 1899 年出版的《没有地址的信》。这种方法的局限性在于：残存在现代社会中的原始部落虽然被称为"社会的活化石"，但它们毕竟不是原始社会本身，以它们做标本可以间接推测出一些近似正确的结论或假说，但毕竟不是正面的直接回答。

　　心理学的方法主要是以如下假说为前提的：原始人的心理和儿童的心理近似。前提的假说性质决定了它的说服力是很有限的，在某些时候甚至是错误的。所以，用现代儿童的"艺术作品"去反推原始艺术从而推测艺术的起源，也和运用人类学的方法一样具有回答的不彻底性。

　　所以，历史上的理论家、文学家尝试性地用了各种方法去回答文学艺术的起源问题，但到目前为止，各种回答在很大程度上只能说是一个个的假说而不是定论。综合历史上对此问题的各种理论解答，通行的观点主要有以下五种：文学起源于模仿，文学起源于巫术，文学起源于游戏，文学起源于心理表现，文学起源于劳动。

　　有起源就有流变，文学也一样。文学流变的动力既来自内部，也来自外部。一般情况是在内部与外部动力的综合作用下发生流变，但内部动力与外部动力并不是平衡地起综合作用，可能此一流变的主要动力来自内部，而彼一流变的主要动力来自外部。内部动力主要指文学自身的原因，这种原因既可以是本国文学自身的原因，也可以是外国文学的原因。外部动力主要指社会历史的原因。由于文学的流变是内外动力综合作用的结果，那么文学的流变就不是杂乱无章的，而是有一定的规律可循，这些规律，既有一般的，也有特殊的。就一般规律而言，大体上是与时俱变。一个时代有一个时代的文学，其中既有文学进化论的主张，也有文学退化论的主张。与此同时，各种社会意识形态对文学流变也要产生不同力度的影响，这些也是我们关注文学流变必不可少的内容。就文学流变的特殊规律而言，主要是文学流变与社会发展之间不平衡的规律。这种不平衡分为纵向的不平衡和横向的不平衡。纵向的不平衡指的是社会发展到了高一级阶段，而其文学的成就可能并不如社会处于低级阶段的成就。这种不平衡又叫历时性的不平衡。横向的不平衡指的是在同一时空范围内的不平衡，又称共时性的不平衡。但必须指出的是，在文学流变的长河中，有一些作品速朽并消失在流变的历史长河中，而另一些作品却成为人们公认的永恒的阅读对象而被称为"经典"。所以，"流变中的经典"，就理所当然地成了流变论中一个必不可少的有机组成部分。

　　文学的流变是从过去流向现在的历程，同时也是从现在流向未来的历程。虽然我们不能尽知未来样态的具体情形，但也可以作出有限的预测。可以肯定的是，文学的未来就是现在若干潜在因素的未来实现，或现在的局部现象在未来的普遍化。它们既包含文学观念层面上的内涵在未来的可能性，也包含文学外延方面的若干可能性。

第一节　文学的起源

历史上提出的艺术起源理论主要有以下几种。

（1）模仿说。这是最早的关于艺术起源的学说。它的主要代表人物有古希腊的德谟克利特和亚里士多德。这种学说认为，模仿是人的本能，艺术起源于对自然和社会人生的模仿。柏拉图也是同意模仿说的，不过他以"艺术是模仿不真实的世界"从而否定了艺术，以为艺术是"影子的影子"，与真理隔了三层。

（2）游戏说。游戏说最早是由德国哲学家康德提出来的，但明确提出和系统阐述这一理论的却是德国诗人席勒和英国学者斯宾塞，因此，艺术理论界也把"游戏说"称为"席勒—斯宾塞理论"。

游戏说认为，艺术活动是一种无功利目的的自由游戏活动，是人与生俱来的本能，艺术就起源于人的这种游戏的本能或冲动。不过，英国学者斯宾塞的理论主要是进一步发挥和补充席勒的观点，他的贡献是从生理学角度来解释过剩精力的由来。他认为，高等动物的营养物比低等动物的营养物丰富，所以人类在维持和延续生命之外，还有过剩精力。这种过剩精力的发泄便导致了游戏和艺术这种非功利性的生命活动的产生。

（3）巫术说。巫术说是 19 世纪末以来在西方兴起的最有影响力的艺术起源理论，它的首创者是英国著名人类学家爱德华·泰勒和詹姆斯·乔治·弗雷泽，因此，这种理论又被称为"泰勒—弗雷泽理论"。

所谓巫术，是人们利用虚构的自然力量来实现某种愿望的法术，其本意并不是为艺术的活动，而是原始先民带有宗教性质的活动。巫术说从原始人类的巫术活动中寻找艺术的起点，认为最早的艺术是原始人巫术活动的产物。原始人的所有创作活动都是为了实现巫术的目的，艺术就是原始巫术的直接表现。

（4）心理表现说。心理表现说是西方现代有影响的艺术起源理论。心理表现说主要从心理学的角度来考察艺术的起源。但在对心理因素的认知上，一些艺术理论家、心理学家认为是情感，另一些艺术理论家、心理学家则认为是本能。所以，心理表现说又可以分为情感表现说和本能表现说。

情感表现说侧重从人的心理意识层面来解释艺术的起源，认为艺术起源于人的情感表现的需要，情感通过声音、语言、形式等载体表现出来时，就产生了音乐、文学、舞蹈等艺术。最早提出情感表现说的是法国理论家维隆，在 1873 出版的《美学》一书中，他把艺术定义为情感的表现。此后，俄国的列夫·托尔斯泰提出艺术起源于个人为了把自己体验的感情感传达给别人。20 世纪初，意大利美学家克罗齐提出了"直觉即表现"的艺术观。科林伍德也认为，艺术不是再现和模仿，也不是纯粹游戏，艺术的目的仅仅是表现情感。

本能表现说则根据人类心理的深层潜意识层面来解释艺术的起源，认为艺术是人的梦、幻觉、生命本能的表现，主要代表人物是奥地利精神病理学家、心理学家弗洛伊德。弗洛伊德用他的精神分析学说来解释艺术的本质和起源，把艺术理解和定义为人的潜意识与性本能的象征和表现。

在中国，把艺术的起源定义为心理表现是很早的事情。"言志说"和"缘情说"是其中最主要的看法和理论，如《尚书·尧典》中说："诗言志，歌永言，声依永，律和声。"汉代《毛诗序》中也说："情动于中而形于言，言之不足故嗟叹之，嗟叹之不足故永歌之，永歌之不足，不知手之舞之，足之蹈之也。"晋代陆机《文赋》中也提出过"诗缘情而绮靡"的观点。

（5）劳动说。劳动说是艺术起源理论中影响很大的一种学说。有关劳动与艺术产生之间的联系，中外艺术史上都有论说，如19世纪末的德国学者毕歇尔、俄国的普列汉诺夫以及我国文学家鲁迅等。从根本上说，没有劳动就没有人类，没有人类当然就不可能有艺术的诞生。在这个意义上，劳动当然是艺术起源的终极原因，但在理论上不应是唯一的原因。劳动既然是人类诞生的原因，那么也可以说劳动是艺术与非艺术的一切"人文"的原因。所以，在劳动基础上的艺术起源的其他直接原因，也具有各自的合理性。正如朱狄指出的："所有这些多元论的倾向，并不就是对在艺术起源问题上众说纷纭的一种无可奈何的调和折中，而在于在艺术最初的阶段上，可能就是由多种多样的因素所促成的，因此推动它得以产生的原因不能不带有多元论的倾向。同时，各门艺术都有着自己的特殊性，因此的确很难整齐划一地被导源于一种单一的因素。"① "发现最早的艺术是一件困难的事情，解释它则更加困难。事实上尽管对艺术起源的推动力已经过了一个世纪的讨论，但仍然很难用一种理论完全使人信服地去阐明各种艺术发生的原因。"②

【原典选读】

我们的祖先原始人，原是连话也不会说的，为了共同劳作，必须发表意见，才渐渐的练出复杂的声音来，假如那时大家抬木头，都觉得吃力了，却想不到发表，其中有一个叫道"杭育杭育"，那么，这就是创作；大家也要佩服，应用的，这就等于出版；倘若用什么记号留存了下来，这就是文学。

——鲁迅. 门外文谈［M］//鲁迅全集：第6卷. 北京：
人民文学出版社，1958：75.

诗歌起源于劳动和宗教。其一，因劳动时，一面工作，一面歌唱，可以忘却劳苦，所以从单纯的呼叫发展开去。直到发挥自己的心意和感情，并偕有自然的韵调；其二，是因为原始民族对于神明，渐因畏惧而生敬仰，于是歌颂其威灵，赞叹其功烈，也就成了诗歌的起源。至于小说，我认为倒是起于休息的。人在劳动时，既用歌吟以自娱，借它忘却劳苦了，则到休息时，亦必寻一种事情以消遣闲暇。这种事情，就是彼此谈论故事，而这谈论故事，正就是小说的源头。

——鲁迅. 中国小说的历史的变迁［M］//鲁迅全集：第9卷. 北京：
人民文学出版社，1958：302-303.

---

① 朱狄. 艺术的起源［M］. 北京：中国社会科学出版社，1982：171.
② 同①：172.

在许多重要的事情上，我们是摹仿禽兽，做禽兽的小学生的。从蜘蛛我们学会了织布和缝补；从燕子学会了造房子；从天鹅和黄莺等歌唱的鸟学会了唱歌。

——德谟克利特.著作残篇［M］//伍蠡甫.

西方文论选：上卷.上海：上海译文出版社，1979：4-5.

诗的起源仿佛有两种原因，都是出于人的天性。人从孩提的时候起就有摹仿的本能（人和禽兽的分别之一，就在于人最善于摹仿，他们最初的知识就是从摹仿得来的），人对摹仿的作品总是感到快感。经验证明了这样一点：事物本身看上去尽管引起痛感，但惟妙惟肖的图像看上去却能引起我们的快感，例如尸首或最可鄙的动物形象。

——亚里士多德.诗学［M］.罗念生，译.北京：

人民文学出版社，1962：11.

感性冲动的对象，用一个普通的概念来说明，就是最广义的生活，这个概念指一切物质存在以及一切直接呈现于感官的东西。形式冲动的对象，用一个普通的概念来说明，就是本义的和转义的形象，这个概念包括事物的一切形式特性以及事物对思维力的一切关系。游戏冲动的对象，用一种普通的说法来表示，可以叫作活的形象，这个概念用以表示现象的一切审美特性。一言以蔽之，用以表示最广义的美。

——席勒.审美教育书简［M］.冯至，译.

北京：北京大学出版社，1985：76-77.

以假象为快乐的游戏冲动一发生，摹仿的创作冲动就紧跟而来，这种冲动把假象当作某种独立自主的东西。

——席勒.审美教育书简［M］.冯至，译.北京大学出版社，1985：139.

我们称之为游戏的那些活动是由于这样的一种特征而和审美活动联系起来的，那就是它们都不以任何直接的方法来推动有利于生命的过程。

——斯宾塞.心理学原理：第二卷［M］//朱狄.艺术的起源.北京：

中国社会科学出版社，1982：121.

巫术是建立在联想之上而以人类的智慧为基础的一种能力，但是在相当大的程度上，同样也是以人类的愚钝为基础的一种能力。这是我们理解魔法的关键。人早在低级智力状态中就学会了在思想中把那些也发现了彼此间的实际联系的事物结合起来。但是，以后他就曲解了这种联系，得出了错误的结论：联想当然是以实际上的同样联系为前提的。以此为指导，他就力求用这种方法来发现、预言和引出事变，而这种方法，正如我们现在所看到的这种，具有纯粹幻想的性质。根据蒙昧人、野蛮人和文明人生活中广泛众多的事实，可以鲜明地按迹探求魔法术的发展：其起因是把想象的联系跟现实的联系错误地混同了起来；从它们兴起的那种低级文化到保留了它们的那种高级文化。

——爱德华·泰勒.原始文化［M］.连树声，译.

上海：上海文艺出版社，1992：121.

建立在简单的类比或象征性的联系之上的魔法术，在上千年的过程中是多得无计其数的。它们的一般原理可以很容易地从不多的典型事例中抽出，然后就大胆地应用到大量一般的事物上。

——爱德华·泰勒. 原始文化 [M]. 连树声, 译.
上海: 上海文艺出版社, 1992: 122.

如果我对巫师逻辑的分析是正确的话, 那么它的两大"原理"便纯粹是"联想"的两种不同的错误应用而已。"顺势巫术"是根据对"相似"的联想而建立的, 而"接触巫术"则是根据对"接触"的联想而建立的。"顺势巫术"所犯的错误是把彼此相似的东西看成是同一个东西; "接触巫术"所犯的错误是把互相接触过的东西看成总是保持接触的。但是在实践中这两种术经常是合在一起进行。或者, 更确切地说, 顺势或模拟巫术可以自己进行下去, 而接触术, 我们常发现它需要同时运用顺势或模拟原则才能进行。

——弗雷泽. 金枝 [M]. 徐育新, 等, 译. 北京:
中国民间文艺出版社, 1987: 20.

在早期村落定居生活的阶段, 巫术和宗教得到了发展并系统化了, 我们现在称之为艺术的形式, 被作为一种巫术的工具用之于视觉或听觉的动物形象、人的形象以及自然现象 (下雨或天晴) 的再现, 经常是用图画、偶像、假面和模仿性舞蹈来加以表现, 这些都被称之为交感巫术。祈求下雨就泼水, 祈求打雷就击鼓, 而符咒则经常被用之于雕刻和装饰, 被认为能带来好运气和驱逐魔鬼。巫师有一整套的工具, 包括假面、化装、棍棒和符咒、巫术油膏 (magic ointment)、响板等。而礼仪的活动, 说、唱、舞蹈都被用来保证巫术的成功。这些技巧常有所改进, 但巫术总是能鼓励艺术的发展。一些最有力的对象是石头、陨石、尊为神物的树、骨头、皮、头发和纪念物, 作为一种对艺术的刺激, 它的影响比宗教有时还显得强烈。

——托马斯·芒罗. 艺术的发展及其他文化史理论 [M] //
朱狄. 艺术的起源. 北京: 中国社会科学出版社, 1982: 136.

一般说来, 诗可以理解作"想象的表现", 自有人类便有诗……野蛮人 (野蛮人之于历史年代, 犹如儿童之于人生岁月) 表达周围事物所感发他的感情, 也是如此; 语言、姿势, 乃至塑像的或绘画的摹拟, 不外是事物以及野蛮人对事物的理解两者结合而成的表象罢了……在上古时代, 人们跳舞, 唱歌, 摹仿自然的事物, 在这类动作中, 正如在其他动作中那样, 遵守着某种节奏或规则……近代作家把接近这规则的感觉能力称为趣味或鉴赏力。

——雪莱. 为诗辩护 [M] //古典文艺理论译丛. 北京: 人民文艺出版社, 1961.

艺术活动是以下面这一事实为基础的: 一个用听觉或视觉接受他人所表达的感情的人, 能够体验到那个表达自己的感情的人所体验过的同样的感情。

举一个最简单的例子: 一个人笑了, 听到笑声的另一个人也高兴起来; 一个人哭了, 听到这哭声的人也难过起来; 一个人生气了, 而另一个看见他生气的人也激动起来, 一个人用自己的动作、声音表达蓬勃的朝气、果敢的精神, 或相反地, 表达忧伤或平静的心境——这种心情就传达给别人。一个人受苦, 用呻吟和痉挛来表达自己的痛苦, 这种痛苦就传达给别人; 一个人表达出自己对某些事物、某些人或某些现象的喜爱、崇拜、恐怖或尊敬——其他的人受了感染, 对同样的事物、同样人或同样的现象也感到同样的喜爱、崇拜、恐怖或尊敬。

艺术活动建立在人们能够受别人感情的感染这一基础上。

——列夫·托尔斯泰．艺术论［M］．丰陈宝，译．
北京：人民文学出版社，1958：46.

艺术起源于一个人为了要把自己体验过的感情传达给别人，于是在自己心里重新唤起这种感情，并用某种外在的标志表达出来。

——列夫·托尔斯泰．艺术论［M］．丰陈宝，译．
北京：人民文学出版社，1958：46.

在自己心里唤起曾经一度体验过的感情，在唤起这种感情之后，用动作、线条、色彩、声音，以及言词所表达的形象来传达出这种感情，使别人也能体验到这同样的感情——这就是艺术活动。艺术是这样的一项人类活动：一个人用某种外在的标志有意识地把自己体验过的感情传达给别人，而别人为这些感情所感染，也体验到这些感情。

——列夫·托尔斯泰．艺术论［M］．丰陈宝，译．
北京：人民文学出版社，1958：47-48.

首先是劳动，然后是语言和劳动一起，成为两个必要的推动力，在它们的影响下，猿的脑髓逐渐地变成人的脑髓，后者和前者虽然十分相似，但是就大小和完善的程度来说，远远超过前者。在脑髓进一步发展的同时，它的最密切的工具，即感觉器官，也进一步发展起来了。

——恩格斯．劳动在从猿到人转变过程中的作用［M］//
马克思恩格斯选集：第3卷．北京：人民出版社，1972：512.

手不仅是劳动的器官，它还是劳动的产物。只是由于劳动，由于和日新月异的劳动相适应，由于这样所引起的肌肉、韧带以及在更长时间内引起的骨骼的特别发展遗传下来，而且由于这些遗传下来的灵巧性以不断革新的方式运用于新的愈来愈复杂的动作，人的手才达到这样高度的完善，在这个基础上它才能仿佛凭着魔力似地产生了拉斐尔的绘画，托尔瓦德森的雕刻以及帕格尼尼的音乐。

——恩格斯．劳动在从猿到人转变过程中的作用［M］//
马克思恩格斯选集：第3卷．北京：人民出版社，1972：509.

在其发展的最初阶段上，劳动、音乐和诗歌是极其紧密地互相联系着的，然而这三位一体的基本的组成部分是劳动，其余的组成部分只具有从属的意义。

——毕歇尔．劳动与节奏［M］//普列汉诺夫．论艺术
（没有地址的信）．北京：生活·读书·新知三联书店，1973：36.

音乐的起源问题应当和一般艺术的起源问题一道解决，这就是说，归根到底，音乐起源于人的劳动、人的劳动实践，但这并不意味着音乐完全是从工作中的节奏和工作中的声响发生的。卡尔·布赫尔只有一点上说对了：音乐中有个别种类的节奏导源于劳动过程中的节奏。

——柯斯文．原始文化史纲［M］.
张锡彤，译．北京：生活·读书·新知三联书店，1955：190.

当我们转而讨论跳舞的起源问题的时候，也有不同的更多乃至"理论"伴随着我们。可是，在这里，我们仍应说明：作为一般艺术的起源的人的劳动实践，也就是跳舞的起源。最早的跳舞即有不同的内容。可以断言，原始跳舞具有纯粹锻炼的性质：在晚间，已从当天工作的劳累休息过来之后，原始人感觉到一种自然的生理要求，要活动一下自己的肢体，以轻松的形式把自己的心情和感受传达给别人，表现一下自己的满足、适意和从原始式生存中得来的欢快。

——柯斯文. 原始文化史纲 ［M］. 张锡彤，译.

北京：生活·读书·新知三联书店，1955：191－192.

第二节　文学的流变

　　文学并不是一种静止的存在，它总会在不断的流变中显示着自身。文学从起源到现在，经历了极其漫长的社会历史阶段，发展到今天，其内容的丰富性，形式的多样性，是以往任何历史时代都无法比拟的。这说明文学同其他任何事物一样，都有自己产生和流变的历史。从总的情况看，文学的流变既是文学内容各要素的流变史，也是文学形式各要素的流变史。

　　文学本身的概念有一个发展演变的过程。从上古时代的诗、乐、舞合一的广义的文学，到后来的"文笔"之争，以至今天文学的文化转向，文学经历了一个不断扬弃、不断否定的过程。刘勰在《文心雕龙·通变》中说："夫设文之体有常，变文之数无方。"这是指一定的文学样式总会有自己的属性特征，即"设文之体有常"；但随着不同时代语境的变化更替，文学的具体面貌又会呈现出不同的风格，即"变文之数无方"。换言之，文学流变是一个继承与创新或"通"与"变"的过程。

　　从内涵上说，文学的流变体现为表现的内容在不同时代各不相同。《诗经》中大多如实记载了当时的一些社会生活和情感体验，如《大雅》中对周民族历史演变的叙述，《国风》中对上古先民生存质态的艺术反映等。后来，汉赋中的歌功颂德，唐诗中的自我表现，宋词中的娱宾遣兴，以及话本、小说中的爱情故事等，都说明了一时代有一时代之文学，文学作为一种特殊的审美意识形态，总是随着现实生活而不断流变的。

　　在西方的古希腊，文学主要是指悲剧和史诗，到后来，诗歌、小说等文学样式才逐渐进入了文学的领域。在中国文学史上，文学最初指的是诗歌。实际上，《诗经》就是当时的文学范本，随着人类情感体验的不断丰富，诗歌的艺术表现性难以充分表达这种心境。于是，汉赋、六朝的志怪小说、唐诗、宋词、元曲等文学样式不断涌现出来，文学涵盖的范围逐渐扩大。在当代，文学在新历史主义那里已经和历史具有相同的文本建构模式，历史的文本化与文学文本的历史化在当今已趋于融合。在文化研究者那里，文学也不再是单纯的平面书写文字构成的研究客体，而往往被视为一种负载了具体社会文化意识形态的文化文本。

　　文学的流变当然不是无缘无故的。从总的方面说，内因和外因决定了文学自身的流变历程，从而也显示出流变的规律性。外因主要是社会历史方面的，是指社会历史中的各要素都不同程度地制约和影响着文学的流变。内因是文学自身的，它既可以是本民族文学自身的，也可以是外民族文学的。我们可以从以下三个方面来考察文学流变的原因。

一、社会历史的变迁与文学流变

（1）文学与时俱变，一时代有一时代之文学。我们确实很难说后世的文学一定超过了前世，正如钱穆所说："骤然看来，似乎中国人讲学术，并无进步可言。但诸位当知，这只因对象不同之故。即如西方人讲宗教，永远是一成不变的上帝，岂不较之中国人讲人文学，更为固步自封，顽固不前吗？当知中国传统学术所面对者，乃属一种瞬息万变把握不定的人事。如舜为孝子，周公亦孝子，闵子骞亦复是孝子，彼等均在不同环境不同对象中，各自实践孝道。但不能因舜行孝道在前，便谓周公可以凭于舜之孝道在前而孝得更进步些。闵子骞又因舜与周公之孝道在前而又可以孝得更进步些。当知从中国学术传统言，应亦无所谓进步。不能只望其推陈出新，后来居上。这是易明的事理。"①

（2）社会历史各要素与文学流变的关系。社会历史的要素很多，有经济的、政治的、法律的、道德的、哲学的等，它们都对文学的流变产生着间接或直接的影响。

① 经济基础与文学的流变：人首先需要生存，然后才能进行文学创作。经济形态和水平不同，也相应地影响到文学的内容与形式的流变方向和状态。社会生活具体的历史性，其状态与经济基础密切相关。由于不同社会形态的经济基础不同，社会史上每个历史阶段都具有性质各不相同的社会生活内容，对此作出反映的文学，也必然具有不同的内容和状态。

② 社会意识形态与文学的流变：经济基础对文学的影响并不是直接的，更多的时候是间接的。正如普列汉诺夫所说："应该记住，远不是一切'上层建筑'都是直接从经济基础中成长起来的；艺术同经济基础发生联系只是间接的。因此，在探讨艺术的时候必须考虑到中间的环节。"② 这些中间环节包括了政治、法律、道德、哲学等。社会意识形态的政治、法律、道德、哲学等，因为与文学处于同一个体系之内而互相作用，从而会影响到文学流变的方向和具体内容。例如，佛教传入中国后对中国文学从内容到形式的影响，就是典型的个案。

③ 社会发展与文学生产之间的不平衡关系。所谓"不平衡关系"，是说文学艺术的繁荣并非总是与社会的一般发展、物质生产的一般发展相一致，两者之间并不总是按比例增长的。这样的情形主要表现在两个方面：第一，从艺术形式来看，某种艺术形式的巨大成就只可能出现在社会发展的特定阶段上，随着生产的发展，这种艺术形式反而会停滞或衰落。第二，从整个艺术领域来看，文学的高度发展有时不是出现在经济繁荣的时期，而是出现在经济比较落后的时期。马克思主义经典作家对此作出过明确论述。

---

① 钱穆. 中国历史研究法 [M]. 北京：生活·读书·新知三联书店，2001：79.
② 普列汉诺夫. 关于经济因素 [J]. 世界文学，1961.

二、自我扬弃中的文学流变

文学的流变既有外在社会历史因素的影响，也有内在的自我扬弃。任何后代的文学都不是从天上掉下来的，都与前代的文学有着因革关系，也与后代的文学有着联系。正如马克思和恩格斯所说："人们自己创造自己的历史，但是他们并不是随心所欲地创造，并不是在他们自己选定的条件下创造，而是在直接碰到的、既定的、从过去承继下来的条件下创造。"①

文学内在的流变除了民族文学自身的扬弃外，也与外民族文学的影响有着密切关系，这在世界各民族联系和交往成为普遍现象的时代表现得尤其明显。在世界一体化的格局中，民族的文学形式可能会因为被其他民族接受而成为带有世界性的文学形式。就文学体裁而言，我国唐代以来新兴的说唱文学样式变文、弹词，是在印度佛教文学的影响下产生的；五四时期的新文学也受到了外国文学的影响，自由诗和话剧便是从外国移植来的。这方面的文学影响与流变，实际上属于"比较文学"中"影响研究"的领域。但是，无论是民族文学的自我扬弃，还是受到外民族文学的影响，都会在文学历史的具体史实中表现出来。这就形成了文学自身各要素的流变史：或是体裁的流变史，或是风格的流变史，或是表现方法的流变史，或是语言形式的流变史，或是文学思潮、文学流派的流变史。当然，流变中也有"不变"；"不变"的是文学的"永恒主题"，如"爱""战争""死亡"等。

三、流变中的经典

经典（canon）一词源于古希腊语 kanon，原意为用作测量仪器的"苇秆"或"木棍"，后来引申出"规范""规则"或"法则"的意义，这些引申义后来作为本义流传下来，并进入了理论之中。在文学批评中，这个词第一次显示其重要性和权威性是在公元 4 世纪，当时"经典"用以表示某一文本和作者，特别指《圣经》和早期基督教神学家的著作。

大体而论，既往的优秀文学遗产中那些具有长久生命力的作品，是在历史长河中经受大浪淘沙的洗礼而形成的文学流变中的经典，它们在中外文学的事实中呈现着，也被历代的人们所公认。古希腊艺术在西方文学史上成为不可重复的经典，具有永久的魅力，后来的西方文学有许多都是直接或间接地取材于希腊神话。西方的《圣经》也被公认为具有经典的地位和意义。在中国文学史上，最早的诗歌总集《诗经》以其独特的魅力经久不衰，为后代的人们所喜爱。至于经典《红楼梦》，对它的研究也一直没有间断，并形成了一门独特的"红学"。"经典"是一个永恒的话题，当然，现在也有一股解构和重估经典的思潮，这是值得我们关注的一种趋势。

【原典选读】

夫设文之体有常，变文之数无方。何以明其然耶？凡诗赋书记，名理相因，此有

---

① 中共中央马克思恩格斯列宁斯大林著作编译局. 马克思恩格斯选集：第一卷［M］. 北京：人民出版社，1995：585.

常之体也；文辞气力，通变则久，此无方之数也。名理有常，体必资于故实；通变无方，数必酌于新声；故能骋无穷之路，饮不竭之源。然绠短者衔渴，足疲者辍途，非文理之数尽，乃通变之术疏耳。故论文之方，譬诸草木，根干丽土而同性，臭味晞阳而异品矣。

是以九代咏歌，志合文则。黄歌《断竹》，质之至也；唐歌《在昔》，则广于黄世；虞歌《卿云》，则文于唐时；夏歌《雕墙》，缛于虞代；商周篇什，丽于夏年。至于序志述时，其揆一也。暨楚之骚文，矩式周人；汉之赋颂，影写楚世；魏之篇制，顾慕汉风；晋之辞章，瞻望魏采。榷而论之，则黄、唐淳而质，虞、夏质而辨，商、周丽而雅，楚、汉侈而艳，魏、晋浅而绮，宋初讹而新。从质及讹，弥近弥淡。何则？竞今疏古，风味气衰也。

今才颖之士，刻意学文，多略汉篇，师范宋集，虽古今备阅，然近附而远疏矣。夫青生于蓝，绛生于茜，虽逾本色，不能复化。桓君山云："予见新进丽文，美而无采；及见刘、扬言辞，常辄有得。"此其验也。故练青濯绛，必归蓝蒨，矫讹翻浅，还宗经诰。斯斟酌乎质文之间，而櫽括乎雅俗之际，可与言通变矣。

夫夸张声貌，则汉初已极，自兹厥后，循环相因，虽轩翥出辙，而终入笼内。枚乘《七发》云："通望兮东海，虹洞兮苍天。"相如《上林》云："视之无端，察之无涯，日出东沼，月生西陂。"马融《广成》云："天地虹洞，固无端涯，大明出东，月生西陂。"扬雄《校猎》云："出入日月，天与地沓。"张衡《西京》云："日月于是乎出入，象扶桑于濛汜。"此并广寓极状，而五家如一。诸如此类，莫不相循，参伍因革，通变之数也。

是以规略文统，宜宏大体。先博览以精阅，总纲纪而摄契；然后拓衢路，置关键，长辔远驭，从容按节，凭情以会通，负气以适变，采如宛虹之奋髻，光若长离之振翼，乃颖脱之文矣。若乃龉龊于偏解，矜激乎一致，此庭间之回骤，岂万里之逸步哉。

赞曰：文律运周，日新其业。变则堪久，通则不乏。趋时必果，乘机无怯。望今制奇，参古定法。

——刘勰. 文心雕龙·通变［M］//范文澜. 文心雕龙注（下）. 北京：人民文学出版社，1958：519-521.

凡一代有一代之文学：楚之骚，汉之赋，六代之骈语，唐之诗，宋之词，元之曲，皆所谓一代之文学，而后世莫能继焉者也。

——王国维. 宋元戏曲史·自序［M］. 上海：华东师范大学出版社，1995：1.

四言敝而有楚辞，楚辞敝而有五言，五言敝而有七言，古诗敝而有律绝，律绝敝而有词……故谓文学后不如前，余未敢信。

——王国维. 人间词话［M］//郭绍虞. 中国历代文论选：第四册. 上海：上海古籍出版社，1980：373.

盖文体通行既久，染指遂多，自成习套，豪杰之士，亦难于其中自出新意，故遁而作他体，以自解脱。一切文体所以始盛终衰者，皆由于此。

——王国维. 人间词话［M］. 北京：人民文学出版社，1960：218.

正像达尔文发现有机世界的发展规律一样，马克思发现了人类历史的发展规律，即历来为纷繁芜杂的意识形态所掩盖着的一个简单事实：人们首先必须吃、喝、住、穿，然后才能从事政治、科学、艺术、宗教等等；所以，直接的物质的生活资料的生产，从而一个民族或一个时代的一定的经济发展阶段，便构成基础，人们的国家制度、法的观点、艺术以至宗教观念，就是从这个基础上发展起来的，因而，也必须由这个基础来解释，而不是像过去那样做得相反。

——恩格斯．在马克思墓前的讲话［M］//马克思恩格斯选集：

第 3 卷．北京：人民出版社，1972：574．

　　只有奴隶制才使农业和工业之间的更大规模的分工成为可能，从而为古代文化的繁荣，即为希腊文化创造了条件。没有奴隶制，就没有希腊国家，就没有希腊的艺术和科学；没有奴隶制，就没有罗马帝国。没有希腊文化和罗马帝国所奠定的基础，也就没有现代的欧洲。我们永远不应该忘记，我们的全部经济、政治和智慧的发展，是以奴隶制既为人所公认，同样又为人所必需这种状况为前提的。在这个意义上，我们有理由说：没有古代的奴隶制，就没有现代的社会主义。

——恩格斯．反杜林论［M］//马克思恩格斯选集：第 3 卷．

北京：人民出版社，1972：220．

　　当人的劳动的生产率还非常低时，除了必需的生活资料只能提供微少的剩余的时候，生产力的提高、交换的扩大、国家和法律的发展、艺术和科学的创立，都只有通过更大的分工才有可能。这种分工的基础是，从事单纯体力劳动的群众同管理劳动、经营商业和掌管国事以及后来从事艺术和科学的少数特权分子之间的大分工。这种分工的最简单的完全自发的形式，正是奴隶制。

——恩格斯．反杜林论［M］//马克思恩格斯选集：第 3 卷．

北京：人民出版社，1972：221．

　　希腊艺术的前提是希腊神话，也就是已经通过人民的幻想用一种不自觉的艺术方式加工过的自然和社会形式本身。这是希腊艺术的素材，不是随便一种神话。就是说，不是对自然（这里指一切对象，包括社会在内）的随便一种不自觉的艺术加工。埃及神话决不能成为希腊艺术的土壤和母胎。但是无论如何总得是一种神话。因此，决不是这样一种社会发展，这种发展排斥一切神话地对待自然的态度和一切把自然神话化的态度；并因而要求艺术家具备一种与神话无关的幻想。

——马克思．政治经济学批判·导言［M］//马克思恩格斯选集：

第 2 卷．北京：人民出版社，1972：113．

　　关于艺术，大家知道，它的一定的繁盛时期决不是同社会的一般发展成比例的，因而也决不是同仿佛是社会组织的骨骼的物质基础的一般发展成比例的。例如，拿希腊人或莎士比亚同现代人相比。就某些艺术形式，例如史诗来说，甚至谁都承认：当艺术生产一旦作为艺术生产出现，它们就再不能以那种在世界史上划时代的、古典的形式创造出来；因此，在艺术本身的领域内，某些有重大意义的艺术形式只有在艺术发展的不发达阶段上才是可能的。如果说在艺术本身的领域内部的不同艺术种类的关系中有这种情形，那么，在整个艺术领域同社会一般发展的关系上有这种情形，就不足为奇了。困难只是对这些矛盾作一般的表述。一旦它们的特殊性被确定了，它们也就被解释明白了。

——马克思．政治经济学批判·导言［M］//马克思恩格斯选集：

第2卷．北京：人民出版社，1972：112－113.

一种心智的产物是罕有孤立的。不论作者有意无意，像一幅画，一座雕塑，一个奏鸣曲一样，一部书也是归入一个系列之中的，它有着前驱者，它也会有后继者。

——梵·第根．比较文学论［M］．北京：商务印书馆，1937：7.

第三节　文学的未来走向

按照现代语言学的观点，文学作为一个能指符号，本身没有固定的永恒所指。换言之，文学并不是一种先验的客观研究对象，而是随着时代和社会的发展变迁而被不断赋予新的面貌和姿态。刘勰在《文心雕龙·时序》中所说的"文变染乎世情，兴废系乎时序"，即出于此理。

文学流变至今，已经历了千蜕万变，而现代信息社会的迅猛发展，还在进一步对文学的生产方式、传播方式以及阅读方式起着革命性的作用。在新的语境下，"什么是文学"，"文学的本质是什么"这些重要问题又重新受到了审视和反思。毋庸置疑，消费社会和网络时代的到来，使传统的文学观念和文学形态受到了巨大冲击。文学的意义及其规则受制于怎样的话语机制和意识形态，再次成了文学家和文学研究者关注的焦点。

实际上，从柏拉图开始，文学存在的合法性和它作为学科的边界就不时遭到质疑。柏拉图在《理想国》中认为："文艺是自然的模仿。"这个自然是以"理式"为蓝本的"自然"，所以是"摹本的摹本"，"影子的影子"，"和真理隔了三层"。在19世纪初，黑格尔曾指出，艺术在工业面前无处容身，"就它的最高的职能来说，艺术对于我们现代人已是过去的事了，因此，它也丧失了真正的真实和生命，已不复能维持它从前的在现实中的必需和崇高地位"[①]。在他看来，艺术源于感觉、情绪、知觉和想象，是人类的一种非理性的产物，它用感性的形式去表现和抵达真理。科技的进步一方面使人类的物质生活更加丰富，同时也使其精神生活越加贫乏，在偏重理性、理智、规则和技术的时代，艺术的命运便是走向死亡和终结。

19世纪以来，本质主义意义上的文学概念受到了空前的动摇。尼采、德里达、巴特、弗洛姆等人都对本质主义的文学观提出了质疑。近年来，传统文学观念的解体出现了加速的趋势，向当代文学理论提出了严峻的挑战。在这种语境中，文学研究出现的新趋势主要有这样几个方面：一是从宏大叙事向私人化写作转变；二是从价值重估转向价值重建；三是从审美诉求转向文化文本；四是从精英文学转向平民文学。

从具体文本形态来看，主要有生态文学、网络文学、文化文本、短信文学等新的文学类型。

---

　①　黑格尔．美学：第1卷［M］．朱光潜，译．北京：商务印书馆，1979：15.

　　（1）生态文学。生态学本属于环境科学或生物学的研究领域，但随着工业社会带来的全球变暖、资源短缺、环境恶化等后果，人类不得不承担起自己的生态责任。当这种责任被文学家以文学形式具体化时，生态文学或环境文学就产生了。"生态文学"作为一个学科术语，最初是由美国学者密克尔于 1974 年在《生存的悲剧：文学的生态学研究》中提出的，当时他采用了"文学生态学（Literacy ecology）"一词。1978 年，美国学者鲁克尔特发表了《文学与生态学：一次生态批评实验》，首次使用了"生态批评"的术语。此后，生态文学和生态批评在文学领域里逐渐建立了自己的学理框架。随着生态文学的逐步发展，在文学的未来景观中，它的存在可能不只是一种文学样式，更有可能是一种生存观和世界观。

　　（2）网络文学。电脑网络的出现给当今世界带来了巨大变化，加拿大学者麦克卢汉用"地球村"和"信息时代"对这种变化做了概括。[①] 网络在人际交流中具有自身快捷方便的优越性，在这种新的环境中，文学领域也出现了网络文学这个新种类。许多作家和评论家开始对它进行学理上的归类和研究，有关网络文学的批评、研究和争论也在发展之中。网络文学的出现，对传统的文学和文学观念造成了诸多挑战。但是，网络文学未来的发展趋势和前景，在目前还是一个有很大争议和值得研究的问题。

　　（3）文化文本。当今，文学被当成了文化的一个分支或一个维度，只是文化领域中最具有审美性的艺术表现形式。但是，就文学观念本身的流变而言，杂文学的一个重要特征就是其文化性。传统文学的学科边界被"文化"这个更加宽泛的概念所拆解和整合。文学的这种转型与西方的符号学、文化研究的趋势有很大关系。文化文本的主要特征是文学与文化趋同。经典文学的样式往往是精英知识分子创作的具有独立个性的艺术世界，而文化文本却在文学与大众文化之间形成了共时态的对应关系。文化文本在西方有多种形态，如后殖民文学、女性文学、都市文学等，在中国则有时尚读本、文化散文等。所谓时尚读本，是指"作为一种新近形成的小说形式的命名，则是对显现于 20 世纪 90 年代初，生成于 90 年代末期的，在文学市场化时代形成的小说形式的概括与认定"[②]。就其叙事风格而言，常常是对一种社会原生态的模拟；其美学特征有以下几个方面：时尚性质，复合特征，市场策划意识，都市流行风格。文化文本的形式非常多，总体来说，呈现出多元共生、杂语喧哗的局面。所谓文化散文，是指在消费社会的文化市场引导下，个体之间的时空距离和文化差异逐渐缩小，散文从传统的个体世界的温柔之乡，转向书写大时代文化品格的文学散文，它往往用一种厚重的文化历史反思来进行当下主体人格的重建。

　　（4）短信义学。网络和手机的普及促使人类的交流变得更加方便快捷，尤其是手机的大众持有量在很短时间里成倍猛增。手机普及的一个重要结果便是交流的多样性，如通话、发短信、上网等。在手机时代中，文学也开始以手机短信息的方式广泛流行。

---

　　① 麦克卢汉. 理解媒介：论人的延伸［M］. 何道宽，译. 北京：商务印书馆，2000：1.
　　② 李俊国. 时尚读本：当下小说创作的新型品种［M］// 中外文化与文论：第 10 辑. 成都：四川教育出版社，2003：52.

短信文学（或手机文学，"大拇指文学"）的最初形态仅仅是生活交流语言的短信化，后来逐步确立了简洁、凝练、风趣、幽默的基本话语机制，能在瞬间流传到四面八方。最初的短信文学只是一些简单明快、具有文学色彩的语句或打油诗，后来则出现了简短精练的诗歌、散文、小说等，甚至也有严肃作家介入创作和评奖。这表明，短信文学或手机文学已经引起了文学界的关注，在今后的社会生活中，它或许能以更加成熟的形式进入文学理论的研究中。

【原典选读】

奠定了生态思想之基础的就是生态文学家（利奥波德），掀起这一思潮的关键人物还是生态文学家（卡森）。生态文学研究或生态批评从20世纪70年代发端，并迅速地在90年代成为文学研究的显学。

——王诺．欧美生态文学［M］．北京：北京大学出版社，2003：2.

面向即将到来的21世纪，有这样两个悲喜交加的预言：下一个世纪将是"精神障碍症流行"的时代，下一个世纪将是"生态学时代"。

——鲁枢元．猞猁言说：关于文学、精神、生态的思考［M］．北京：

社会科学文献出版社，2001：247.

所谓"生态学"，似乎已经不再仅仅是一门专业化的学问，它已经衍化为一种观点，一种统摄了自然、社会、生命、环境、物质、文化的观点，一种崭新的，尚且有待进一步完善的世界观。

——鲁枢元．生态文艺学［M］．西安：陕西人民出版社，2000：26.

由于文艺的审美特性所依存的节律形式和节律感应在文艺生态系统诸因素中无处不在，于是文艺就可以直接地同生态系统层面和诸因素发生生态关联。

人类生态系统中一切具有生命之魂和生命之形的因素，都可在文艺中建立自己的对应形式，包括那些在人的现实生活中尚不存在的理想境界，也要把自己的姿影投射到文艺中去造成一种"虚拟实在"构成人的心理环境。

——曾永成．文艺的绿色之思：文艺生态学引论［M］．北京：

人民文学出版社，2000：148.

所谓环境文学，以强化人们的环境意识为出发点，不仅揭露破坏污染环境的坏人坏事，环境观念淡薄的丑事蠢事，还大力讴歌为促进环保事业蓬勃发展默默做出贡献的广大环保工作者，歌颂关心生态环境，热心环境的新人新事，新的道德风尚；同时，抒写祖国壮丽山河，描绘大自然和人与大自然美妙和谐的关系，从而升华人们的爱国主义情操和环境伦理道德，也是它的一项重要使命。

环境文学是中国文坛上最超前，最具前瞻性的文学，最贴近生命文学的根本。

——曾永成．文艺的绿色之思：文艺生态学引论［M］．北京：

人民文学出版社，2000：325.

20世纪的中外文学，不约而同地经历了一场由杂到纯，再由纯变杂的演变，先是由杂到纯，不仅把古老的广义的人文写作划分为文史哲等不同方式，而且文学文体的分化也是日益细密；20世纪后期的文学则从这种文体的纯粹中突围出来，走向边界模糊的杂文学。

——蒋述卓.批评的文化之路·总序［M］.
北京：中国社会科学出版社，2003：2.

后现代主义则认为艺术和文化的轨迹，已经从独立的作品转移到艺术家的个性上，从永恒的客体转移到短暂的过程中，艺术不再是观照的对象，而是一个行为、一个事件，这标志着艺术家感情化艺术魅力的匮乏，已经退化到直接震动感官的地步。

——王岳川.后现代主义文化逻辑（代序）［M］// 王岳川，
尚水.后现代主义文化与美学.北京：北京大学出版社，1992：10.

他（詹姆逊）在演讲中前提式地区分了泛文人类学文化和日常生活文化的异同，指出文化工业的产品泛滥使得研究者必须先把对象当作文化的产物才能认识出其中的意义和本质，而现代后现代的社会事实把这些对象都转化成了"文化文本"。

——杨俊蕾.中国当代文论话语转型研究［M］.
北京：中国人民大学出版社，2003：186.

文化散文的高涨，是散文到达丰富深刻内涵的主要元素，以余秋雨、周涛、张承志、史铁生等人为代表的散文新流向，代表了当代散文文化反思的新高度与主体人格重建的深远指向。

在艺术品位上，他们的散文体现出来的"大品意识"，"大散文"气势，远在多年来柔弱、纤巧、琐碎一类平庸散文作品之上。

散文在他们笔下变得更加丰富多彩，蕴涵深厚而潇洒灵动。他们以开阔的视野、凝重的思想、深刻的人生体验和不拘一格的行文气势，为散文变革潮涌增添了厚重坚实的力量。

——魏天祥.九十年代文艺新变化研究［M］.
北京：中央党校出版社，2000：67-68，68，68.

复习思考题

1. 研究文学起源的主要方法有哪些？
2. 在文学起源问题上有哪些主要学说和基本观点？
3. 如何理解劳动起源说与巫术起源说的关系？
4. 如何理解"一代有一代之文学"的流变观？
5. 刘勰《文心雕龙·时序》就文学流变表达了哪些主要观点？
6. 如何理解艺术生产与社会发展不平衡的原理？
7. 刘勰《文心雕龙·通变》中的基本观点是什么？
8. "文学经典"应当具备哪些特征？
9. 随着当代文学研究的转型，出现了哪些新的文学类型？
10. 你对文学的未来可能性有怎样的预期？

参考文献

[1] 艾布拉姆斯．镜与灯［M］．郦稚牛，等，译．北京：北京大学出版社，1989.

[2] 波德里亚．消费社会［M］．刘成富，等，译．南京：南京大学出版社，2001.

[3] 柏拉图．文艺对话集［M］．朱光潜，译．北京：人民文学出版社，1963.

[4] 车文博主编．弗洛伊德文集［M］．长春：长春出版社，2004.

[5] 陈延杰．诗品注［M］．北京：人民文学出版社，1980.

[6] 丹纳．艺术哲学［M］．傅雷，译．北京：人民文学出版社，1963.

[7] 范文澜．文心雕龙注［M］．北京：人民文学出版社，1958.

[8] 弗洛伊德．弗洛伊德论美文选［M］．张唤民，等，译．北京：知识出版社，1987.

[9] 高尔基．论文学［M］．北京：人民文学出版社，1978.

[10] 歌德．歌德谈话录［M］．朱光潜，译．北京：人民文学出版社，1978.

[11] 葛兰西．狱中札记［M］．葆煦，译．北京：人民出版社，1983.

[12] 郭绍虞．等．中国历代文论选［M］．上海：上海古籍出版社，1979—1980.

[13] 黑格尔．美学：第一、二、三卷［M］．朱光潜，译．北京：商务印书馆，1979—1981.

[14] 乔纳森·卡勒．文学理论入门［M］．李平，译．南京：译林出版社，2008.

[15] 兰色姆．新批评［M］．王腊宝，等，译．南京：江苏教育出版社，2006.

[16] 刘小枫．接受美学译文集［M］．北京：生活·读书·新知三联书店，1989.

[17] 陆贵山，周忠厚．马克思主义文艺论著选讲［M］．北京：中国人民大学出版社，1999.

[18] 马尔赫恩．当代马克思主义文学批评［M］．刘象愚，等，译．北京：北京大学出版社，2002.

[19] 毛泽东．毛泽东论文艺（增订本）［M］．北京：人民文学出版社，1992.

[20] 欧美古典作家论现实主义和浪漫主义［M］．北京：中国社会科学出版社，1980.

[21] 普列汉诺夫．论艺术（没有地址的信）［M］．北京：生活·读书·新知三联书店，1973.

[22] 荣格．人，艺术和文学中的精神［M］．孔长安，丁刚，译．北京：华夏出版社，1989.

[23] 瑞恰慈．文学批评原理［M］．杨自伍，译．南昌：百花洲文艺出版社，1997.

[24] 塞尔登编．文学批评理论——从柏拉图到现在［M］．刘象愚，等，译．北

京：北京大学出版社，2000.

[25] 什克洛夫斯基，等．俄国形式主义文论选［M］．方珊，等，译．北京：生活·读书·新知三联书店，1989.

[26] 童庆炳．文学理论教程［M］．北京：高等教育出版社，1998.

[27] 托尔斯泰．艺术论［M］．丰陈宝，译．北京：人民文学出版社，1958.

[28] 王国维．人间词话［M］．北京：人民文学出版社，1982.

[29] 韦勒克，沃伦．文学理论［M］．刘象愚，等，译．北京：生活·读书·新知三联书店，1984.

[30] 韦勒克．近代文学批评史［M］．杨岂深，杨自伍，译．上海：上海译文出版社，1997.

[31] 韦勒克．批评的诸种概念［M］．丁泓，余徵，译．成都：四川文艺出版社，1988.

[32] 雷蒙·威廉斯．关键词：文化与社会的词汇［M］．刘建基，译．北京：生活·读书·新知三联书店，2005.

[33] 伍蠡甫．西方文论选［M］．上海：上海译文出版社，1979.

[34] 伍蠡甫．现代西方文论选［M］．上海：上海译文出版社，1983.

[35] 伍蠡甫，胡经之．西方文艺理论名著选编［M］．北京：北京大学出版社，1987.

[36] 席勒．审美教育书简［M］．冯至，译．北京：北京大学出版社，1985.

[37] 亚里士多德．诗学［M］．罗念生，译．北京：人民文学出版社，1982.

[38] 亚里士多德．修辞学［M］．罗念生，译．北京：生活·读书·新知三联书店，1991.

[39] 阎嘉．文学理论读本［M］．南京：南京大学出版社，2013.

[40] 姚斯，等．接受美学与接受理论［M］．金元浦，等，译．沈阳：辽宁人民出版社，1987.

[41] 伊格尔顿．马克思主义与文学批评［M］．文宝，译．北京：人民文学出版社，1980.

[42] 以群．文学的基本原理［M］．上海：上海文艺出版社，1984.

[43] 张首映．西方二十世纪文论史［M］．北京：北京大学出版社，1999.

[44] 赵毅衡．"新批评"文集［M］．天津：百花文艺出版社，2001.

[45] 朱狄．艺术的起源［M］．北京：中国社会科学出版社，1982.

[46] 朱光潜．西方美学史［M］．北京：人民文学出版社，1964.

[47] 朱立元．当代西方文艺理论［M］．上海：华东师范大学出版社，1997.

[48] 朱立元，等．二十世纪西方美学经典文本［M］．上海：复旦大学出版社，2001.

[49] 朱立元，李钧．二十世纪西方文论选［M］．北京：高等教育出版社，2002.

[50] 宗白华．美学散步［M］．上海：上海人民出版社，1981.